Discurso e identidade:
a cultura
hip hop
em análise

Sandro de Lima Basílio

Discurso e identidade: a cultura **hip hop** em análise

Maceió | Alagoas | 2020

Editora Q Gráfica
Av. Lourival Melo Mota, s/n
Campus A. C. Simões
Km 97,6 – BR 101 – Tabuleiro do Martins
CEP 57.072-970 – Maceió (AL)
Fones: (82) 99351-2234
qgrafica@yahoo.com.br

Revisão
O autor

Capa
José Carlos da Silva Romão
Ed Vasconcelos

Diagramação
Ed Vasconcelos

Supervisão gráfica
Márcio Roberto Vieira Mélo

Catalogação na fonte
Departamento de Tratamento Técnico da Editora Q-Gráfica

B312d	Basílio, Sandro de Lima.
	    Discurso e identidade : a cultura hip hop em análise / Sandro de Lima Basílio.
	– Maceió : Q-Gráfica, 2020.
	
	    Bibliografia: p. [97] – 101.
	    ISBN: 978-65-86650-13-6
	
	    1. Análise do discurso. 2. Identidade. 3. Cultura. 4. Hip hop. 5. Alagoas.
	I. Título.
	
	                                                                CDU: 801+793.3(813.5)

Elaborada por Fernanda Lins de Lima – CRB – 4/1717

Printed in Brazil
Impresso no Brasil

Dedico este livro à minha família e a todos que puderam contribuir para a publicação dessa importante história, em especial aos amigos Ari de Oliveira (Ari Consciência), José Carlos da Silva Romão (Nino) pela valorosa contribuição; Prof. Me. Sociólogo Carlos Martins, Prof. Me. Tiago Marinho, Raimundo Nonato (Borracha), Edmilson Rufino; Prof. Dr. Virgínia Leal, Prof. Dr. Helson Flávio da Silva Sobrinho, Geysson Santos, DJ Ricardo Fernandes (Ace Rick), Paulo Henrique (PH), Marcos Antônio Carlota da Silva (DJ Carlota), DJ Emerson (Coroa), Alexandre Araújo da Silva (DJ Dilan), Vitor Lucas Dias Barbosa (Vitor Pirralho) e aos tantos outros que conheci ao vivenciar um pouco essa cultura.

Este livro é dedicado a DJ Fernando (*in memoriam*).

Sumário

Prefácio 9

Introdução 11

1. Histórico do movimento hip hop 15

2. A influência do hip hop no Brasil 31

3. Os discursos presentes nas letras 45

4. O hip hop em Alagoas 59

5. Identidade de grupo 79

Conclusão 91

Referências 97

Prefácio

Respeitada por uma grande parcela da população mundial, a cultura hip hop é uma forma de arte e de atitude que se alicerça na vivência das pessoas como estilo de vida. Fazendo com que o indivíduo se firme como sujeito social, essa atividade valoriza a identidade cultural e ocupa espaços públicos protestando através da congregação de música, discursos/poesia, dança e grafite.

Pensando nesses propósitos, surgiu a necessidade de se analisar como esses pilares culturais conseguem influenciar um grande número de pessoas em todo o mundo. Assim, foi necessário examinar questões discursivas e identitárias sobre a manifestação cultural que emergiu nas camadas pobres da população dos Estados Unidos e ramificou para outros guetos até chegar a Alagoas.

Para fornecer um modelo de análise sob uma perspectiva discursiva, a primeira teoria que embasa as discussões apresentadas neste livro é a Analise de Discurso. Ela trata da maneira como ocorrem as construções ideológicas nas canções, fornecendo ao leitor informações importantes não ditas pelas letras de músicas, mas que estão em sua formação, propondo uma nova maneira de considerar o sentido, já que este apresenta formações discursivas relacionadas à convivência com a sociedade, marcadas por construções sociais.

A segunda teoria exposta busca compreender como o conceito de identidade se apresenta nos membros dessa cultura de rua, em meio às constantes transformações dos indivíduos, a identidade assumida revela as influências de uma manifestação artística preocupada com a realidade das periferias, transformando seu contexto histórico, social e seus projetos.

Os elementos discursivos serão percebidos em algumas composições com nomes dos integrantes do norte da América e do Brasil. Em Maceió, saberemos como o hip hop foi consolidado, ganhando muitos adeptos citados neste livro e como são tratadas questões como a hegemonia masculina e as semelhanças com os propósitos de vertentes dos partidos políticos.

Destarte, os detalhes apresentados de uma maneira muito simples, com uma linguagem compreensível, deixando cada parágrafo com um ponto a ser discutido intertextualmente. Todas essas informações deixarão o leitor bem informado sobre os 40 anos de formação de um movimento social, político e cultural.

Sandro de Lima Basílio

Introdução

O presente livro tem como objetivo geral produzir uma análise de caráter exploratório sobre o movimento hip hop para estabelecer a existência ou não de mecanismos de diferenciação discursiva e, portanto, de natureza identitária, entre a produção da cena musical hip hopiana brasileira e norte-americana, através da análise do discurso materializado nas composições musicais que são consideradas polêmicas e no engajamento dessa cultura em questões sociais.

Trata-se de um estudo de caráter exploratório, como o objetivo de levantar algumas questões discursivas relevantes para a compreensão da natureza e importância dessa manifestação cultural contemporânea, apontando uma convergência ideológica marcada pelas questões sociais, políticas e culturais em que essa cultura está inserida.

Além disso, este escrito tenta mostrar como as pessoas envolvidas de alguma forma com a cultura em análise, descrevem esse movimento cultural e qual sua importância social, tendo em vista a percepção de unidade social pelos interesses em comum do grupo analisado. Os integrantes do movimento denominado como filosofia de vida mantêm um conjunto de relações sociais que consequentemente será analisado como integração social e de identidade de grupo, pois possuem costumes e os mesmos traços característicos em locais diferentes de realização, porém com preponderância masculina.

A difusão de idéias contidas nas músicas e em outras manifestações culturais desse movimento: rap, DJ, breaking e grafite será analisada sob o ponto de vista discursivo, por isso, o objetivo principal deste livro é descrever essa produção de protesto, como fenômeno discursivo urbano e tentar entender sua contribuição para a sociedade advinda de ramificações com a cultura negra e seus protestos nas décadas de 1960 e 1970.

Desse modo, é importante ressaltar que tais manifestações culturais, principalmente as músicas, tornam-se um poderoso instrumento de expressão de segmentos da sociedade que reivindicam um conjunto de direitos e igualdade, trazendo novas ideias de luta política, retratando uma realidade atravessada pelas práticas sociais cotidianas e articulando suas falas a partir de redes externas, instituições de vários setores sociais.

Seria importante entender a noção de identidade e pertencimento à expressão artística analisando detalhadamente como um ser se reconhece através da cultura, como ela transforma a nossa compreensão sobre a realidade através de práticas que produzem e carregam significados, porém essa discussão sobre a teoria de identidade cultural será pouco explorada neste livro.

A objetividade denunciada e apresentada sobre problemas existentes dentro das periferias urbanas faz com que a discussão sobre o tema deste estudo seja de fundamental importância dentro da sociedade, ademais numa perspectiva linguístico-discursiva sobre o hip hop.

Analisar determinadas manifestações artísticas que emergiram sobre fatos de cunho político apresenta uma importância significativa por nos levar ao entendimento da participação popular nas elaborações de propostas sociopolíticas tão reivindicadas pela sociedade, ou mesmo ao desenvolvimento de reflexões a respeito do que pode ser reivindicado e estudado no meio social, não só com o suporte da cultura, mas também como membro de uma sociedade, formando assim cidadãos pensantes e que saibam entender o significado da prática da cultura hip hop.

É a partir desse pressuposto que se sente a necessidade de um estudo dessa manifestação cultural, radicando, portanto, a base teórica na área dos estudos linguísticos e discursivos, uma vez que:

> A linguagem enquanto discurso não (constituindo-se de) um universo de signos que serve apenas como instrumento de comunicação ou suporte de pensamento; a linguagem enquanto discurso é interação, e um modo de produção social; ela não é neutra inocente (na medida em que está engajada numa intencionalidade) e nem natural, por isso, o lugar privilegiado de manifestação da ideologia (BRANDÃO, 1998, p. 12).

Este livro está dividido em cinco capítulos com as teorias fragmentadas entre eles: o primeiro constará de um levantamento histórico de fatos que são considerados como elementos formadores do hip hop, apontando assim, a importância de se estudar a produção da linguagem de protestos dessa cultura; o segundo capítulo mostrará a influência norte-americana do movimento hip hop no Brasil, a similaridade com os discursos dos partidos de esquerda e a recente associação com o discurso de direita; o terceiro, constituído pela análise de algumas letras de músicas brasileiras e norte-americanas do estilo rap, analisará os elementos que assemelham o hip hop nesses dois países e também estabelecer uma pequena comparação de vozes presentes nas letras e como estas constroem sentidos; o quarto capítulo fará uma breve descrição de como o movimento se estabeleceu em Alagoas, partindo dos comentários de algumas pessoas importantes ligadas ao movimento; por fim, o quinto capítulo fará uma simples análise da identidade de grupo e sua constituição através da Sociologia. Como não se trata de um estudo exaustivo, a pretensão é de apenas apontar o modo pelo qual uma manifestação cultural nascida e produzida fora do país, é capaz de adquirir uma espécie de identidade nacional marcada através das similaridades dos discursos.

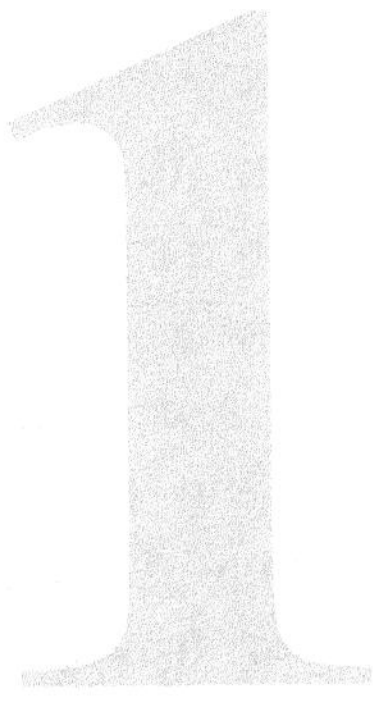

HISTÓRICO DO
MOVIMENTO **HIP HOP**

A concreta e difícil vida das periferias urbanas sempre foi uma expressão bastante visível do caos social encontrado nas grandes cidades. Problemas como migração, alto índice de desemprego e subemprego, modelo de desenvolvimento econômico concentrador de renda, são alguns dos elementos que contribuem para o crescimento das habitações irregulares mais conhecidos como favelas.

Frente a isso, o conjunto de pessoas pertencentes às classes menos favorecidas é vítima da falta de justiça social. Essas condições geram problemas que envolvem a maior parte dos adolescentes. De um lado, encontram-se os adolescentes esquecidos pelos pais, sem escolas, vivendo literalmente nas ruas, envolvendo-se em delitos e, por tais razões, sujeitos ativos no processo de violência urbana. De outro, é possível defrontar-se com jovens obrigados a trabalhar mais cedo para garantir o sustento da própria família, o que não deixa de configurar uma espécie de violência já que as expectativas da infância: socialização via escola, lazer, etc. lhes são negadas.

Esse fato está relacionado à estrutura das famílias pobres devido à falta de perspectiva na qualidade de vida das camadas suburbanas da sociedade, às ineficientes e insuficientes políticas de ação social, à má qualidade da escola pública, à deficiente assistência médica, às condições aviltantes e perigosas de moradia etc. Diante desse quadro, parte da população jovem de baixa renda encontra, na prática de atividades culturais, uma maneira de constituir uma expressão desse modo de vida que vai além de uma prática sociocultural ligada ao divertimento e ao prazer. Nesse sentido, embora a expressão "arte engajada" esteja em desuso, a criação de bens simbólicos (poemas, contos, músicas, danças, peças teatrais etc.) na periferia das grandes cidades vêm assumindo um caráter nítido de denúncia das desumanas condições de vida cotidiana, indo, por vezes, além dessa perspectiva quando chegam a esboçar soluções.

As manifestações artísticas sempre se mostraram paralelas aos protestos populares em todo o mundo; e, em meio a tantas atividades desenvolvidas nas periferias, uma das manifestações mais importantes das últimas décadas é a que se constitui como uma espécie de porta-voz do descaso vivido por uma parte da sociedade (refiro-me às classes menos favorecidas) vítima da exclusão social nas periferias dos grandes centros urbanos.

Essa descrição aparenta ser bem atual e pertencente à realidade brasileira, no entanto era o que se observava também no norte da América em meados dos anos de 1970. Os subúrbios negros, denominados guetos, acabaram gerando várias gangues de latinos e jovens negros das periferias em Nova Iorque. A comunidade negra americana era oriunda da imigração de vários países latinos. Nesse contexto, o surgimento de uma nova cultura, advinda de uma mistura de manifestações e descrita a seguir, fez com que esses jovens fossem convidados a participar de uma nova forma de expressão.

Na tradução literal "hip" significa quadril e "hop" quer dizer pulo. Podemos também definir como balançar o quadril, porém alguns afirmam que seu significado conota algo que vigora no momento, no movimento da dança. Não há um consenso sobre a grafia, alguns dicionários registram hip-hop e as menções a esse estilo musical são majoritariamente encontradas hip hop. Nascia assim o termo que foi popularizado no início dessa expressão cultural nas festas acontecidas nos guetos nova-iorquinos, incentivadas pelo produtor musical Lance Taylor, mais conhecido como Afrika Bambaataa. Considerado o mentor dessa expressão cultural, Bambaataa estabeleceu quatro itens de formação desse movimento (rap, DJ, break e o grafite). Essa atividade de protesto chama-se hip hop e é especificamente sobre esse tipo de manifestação cultural que passaremos a tratar com mais acuidade neste livro, salientando o caráter sintético deste escrito, por abordar essas questões de maneira superficial.

Como esse protesto social nasceu nos bairros dominados por imigrantes e pela comunidade pobre dos subúrbios, o lócus da sua ação político-cultura é a própria periferia, onde estão situados os maiores problemas e desigualdades sociais. Dessa forma, observou-se o afastamento dos participantes dessa cultura de rua à mídia, pois seus propósitos estavam longe dos interesses capitalistas.

A cultura popular em tela é uma manifestação cultural muito rica. Possui quatro pilares estabelecidos: o rap abreviação de rhythm and poetry; o disk jockey ou DJ, responsável pelo som; o breaking é o nome da dança originada na década de 1970, também conhecida como b-boying, já a expressão "breakdance" é o nome comercial dado a essa manifestação artística, este último criticado por muitos por fazer perder a essência da cultura (usarei também neste livro a expressão "break"); e o grafite, expressão artística que consiste na expressão através da pintura e derivou da pichação. Além disso, é possível observar o beat box, que é uma técnica de percussão vocal; o mestre de cerimônia ou MC, a moda com influências afro-americanas, caribenha e latina. Há menções sobre o quinto elemento, porém com discordâncias, tal componente se apresenta no processo ideológico, sendo caracterizado como conhecimento ou atitude.

No Brasil, essa manifestação artística manteve sua essencialidade e tornou-se um estilo de vida. Nos Estados Unidos, foi descaracterizada nos últimos anos e igualou-se a alguns estilos musicais que também apresentaram mutações, ou seja, que sofreram transformações devido à ação do mercado cultural. Na essência, os adeptos desse modelo de vida não abrem mão de suas raízes e de seus propósitos como cultura que reivindica a mudança social. Essa cultura possui ares políticos e está presente atualmente até em algumas aldeias indígenas, contudo ainda ganha o status de estilo de música marginalizado.

Na verdade, o hip hop criou uma divulgação paralela às dos grandes meios de comunicação. Os projetos alternativos realizados pelas pessoas que estão envolvidas com essa manifestação cultural, principalmente no Brasil, mostram que esse estilo musical se preocupa exclusivamente com o resultado dos objetivos passados nas temáticas de suas músicas. Nesse sentido, circulação de produção independente, alternativos apresentados em rádios comunitárias e na internet passa à condição de meios privilegiados de difusão da produção do movimento, embora, nos dias atuais, observe-se essa cultura como a mais popular do mundo.

Essa expressão cultural nasceu sob a égide do comprometimento solene com a mudança das condições sociais da periferia dos grandes centros urbanos e a importância de se estudar esse movimento radica nas possibilidades que um trabalho investigativo científico proporciona acerca da reflexão sobre importantes e singulares questões sociais. Nessa direção, uma pesquisa pode esclarecer os meios pelos quais a consciência de busca da cidadania vai se construindo ao lado e, por vezes, à margem das manifestações e representações políticas da tradução de organização de movimentos sociais.

O que é exatamente o hip hop? Qual a extensão de sua forma de organização social, qual seu poder investigatório? São indagações importantes e a natureza deste livro aborda algumas dessas questões. A contestação social, o engajamento juvenil, a cidadania enfocada transformam essa cultura em uma prática cultural muito importante para a formação dos jovens, destacando seu caráter informal, mas com a promoção da equidade social. Sendo assim, para podermos enfrentar a questão discursiva e ideológica desse movimento é necessário compreender um pouco mais de sua história e da sua natureza, o que passaremos a fazer a seguir.

A preocupação dos praticantes da cultura em foco é o grau de desinformação dos excluídos, por isso acreditam que comunicar é agir, é obter mudanças no atual quadro social, informação é, portanto, o principal instrumento de reivindicação realizado por esse gênero musical, o que faz o integrante dessa cultura um ser político. Os jovens se identificam a partir das descrições de suas realidades vividas, com as narrativas ligadas às minorias étnicas, resultando em um processo de identificação.

Os praticantes da chamada "cultura de rua" constroem essa luta porque acreditam em uma transformação social nem que seja com objetivos radicais, como muitos grupos desejam, deixando de lado preconceitos que, na verdade, só servem de inspiração para suas críticas. Essa manifestação cultural se preocupa com a formação dos segmentos dos excluídos. Seu intuito é informar, protestar, persuadir e mostrar alternativas para a mudança social, ademais em várias oportunidades fornece educação em um espaço informal, papel paralelo que faz com as instituições presentes na sociedade.

Através do discurso apreendido nas letras da música rap, principal seguimento do hip hop, é possível identificar a preocupação com a realidade sociopolítica. A teoria da análise do discurso nos aponta que "a linguagem contém uma visão de mundo que determina nossa maneira de perceber e conceber a realidade." (FIORIN, 1990, p. 52) O discurso empregado nesse estilo musical é o principal fator que determina o dinamismo dessa cultura e as pessoas de baixa renda se identificam com essa manifestação de rua pelo fato de refletirem sobre possíveis soluções para os problemas, retratando o estilo de vida nas periferias.

Segundo as teorias da análise de discurso, o sujeito é afetado pela ideologia. Isso significa que as condições de produção dos discursos podem ser estritas, informando onde são produzidas, portanto analisadas naquele momento de fala, e também podem ser amplas, influenciadas pela história, pela sociedade capitalista. Dessa forma, há um funcionamento maior que aciona a memória discursiva convocando os dizeres e sustentando o discurso apresentado. Um membro do movimento cultural em tela terá internalizada toda a produção de seu enunciado, pois apresentará os sentidos de acordo com esse funcionamento de produção dos discursos.

As concepções dos discursos nos dão uma noção de como produzem sentido. O discurso é prática social, é nesse sentido que ele orienta as práticas do sujeito. Quando um rapper aborda um assunto social, aciona a memória discursiva, nela há um já dito, algo que informa que aquela condição de produção daquele discurso lembra outros. O sujeito pode lembrar tanto das origens desse movimento cultural, dos problemas que ele tem conhecimento, quanto associar à realidade presente. Em meio aos fundamentos ideológicos desse grupo urbano, tal sujeito produz um discurso que lembrará alguns problemas sociais que incomodam a coletividade em que aquele integrante está inserido.

Sendo assim, os problemas encontrados entre os quais podemos citar a falta de prestação de serviço por parte do governo, o racismo, as desigualdades sociais que afetam o meio social, influenciam bastante a propagação do movimento cultural, todavia podem ser repetição de discurso, no entendimento da teoria de discurso aqui analisada.

Mesmo com essa informação da teoria da Análise de Discurso, quero considerar que esses efeitos de sentido, construídos no discurso, enaltecem a voz dos chamados excluídos.

> Além de tentar espelhar a desigualdade econômica e social do país, as letras do movimento hip hop influenciam uma parcela cada vez maior de jovens. A música passa a ter peso político inédito na atual geração. E o que é mais impressionante, ao contrário das canções de protesto da década de 60, escritas em sua maioria por jovens ligados ao meio universitário, como Chico Buarque ou Caetano Veloso, o rap é feito por quem nasceu nas favelas, cohabs e cortiços das grandes cidades brasileiras. Os novos ídolos são muitas vezes filhos de empregadas domésticas, lavadeiras, porteiros, seguranças, pedreiros (...) (SHOWBIZZ, 1999, p. 28)

A postura consciente e o discurso crítico atingem diretamente o sistema político vigente. Nos propósitos do hip hop está a passagem do "discurso" à ação em favor das comunidades carentes, pois, uma de suas metas é estabelecer a igualdade e denunciar as falcatruas existentes na sociedade, garantindo com isso uma tentativa de mobilização social. Isso nos mostra o quanto a coletividade está interessada em dar outra direção à vida na periferia, como também instituir a igualdade e a valorização da cultura que pretende mostrar uma linguagem direta e incisiva.

A formação do hip-hop contou com fatos e pessoas que se influenciaram positivamente a fazê-lo parte da história cultural de um povo. Desde o seu surgimento até os dias atuais podemos observar que se trata de uma cultura heterogênea, agregando elementos locais diversos.

Analisando a situação em que se encontravam os Estados Unidos da América entre 1960 e 1970, é possível detectar dois grandes fatores serviram de influência para a formação da cultura objeto desse livro: o primeiro diz respeito ao crescimento econômico naquele país nos meados da década de 1960. "Os estados unidos emergiram da Segunda Guerra Mundial não apenas com a mais poderosa potência da Terra, mas também com a mais rica nação da história." (ALLEN, 1964, p. 305) O segundo fator, mais diretamente ligado ao primeiro, é a participação dos Estados Unidos da América nos confrontos mundiais.

Por volta de 1945, após a participação dos norte-americanos na Segunda Guerra Mundial, foi criada a Organização das Nações Unidas (ONU), tornando-se uma das instituições mais discutidas na época, nesse período dá-se início à Guerra Fria entre os Estados Unidos (bloco capitalista) e a União Soviética (bloco socialista).

Em paralelo à Guerra Fria, a Guerra do Vietnã também era motivo para a mensuração de forças das potências mundiais. O Vietnã do Norte foi apoiado pela União Soviética, enquanto os Estados Unidos apoiaram o Vietnã do Sul. Durante a Guerra do Vietnã, os movimentos populares e a opinião pública faziam apelos para a retirada dos norte-americanos do confronto.

Nos Estados Unidos ainda predominava o clima das atrocidades cometidas na Segunda Guerra Mundial e aumentou com a participação fracassada na Guerra do Vietnã. "O fenômeno mais importante no cenário político mundial nos anos 1960, e que avançou até os anos 1970, é sem dúvida a Guerra do Vietnã, que se definiu com a grande invasão norte-americana do Vietnã a 25 de abril de 1964." (MOTA, 1994, p. 184).

Esse cenário político, que envolveu as grandes participações americanas (Segunda Guerra Mundial e Guerra do Vietnã), resultando na sua ascensão como potência mundial, influenciou bastante os movimentos de protestos dos guetos que se rebelavam contra a participação dos jovens nas guerras e que viam os fatos indo ao encontro da opinião pública dos Estados Unidos e do mundo.

O movimento de protesto mais popular da época e que permanece até hoje nos Estados Unidos chama-se Panteras Negras, um movimento social preocupado com os excluídos. Entre suas reivindicações mais contundentes estão a prioridade para a paz entre os povos e, principalmente, o processo de conscientização e organização dos negros.

Tanto as reivindicações a favor dos negros e pobres pelos Panteras Negras, quanto os objetivos da ONU, serviram para o fortalecimento da paz que as pessoas pregavam naquela época.

Em 1969, Steve Biko criou na África do Sul o movimento de Consciência Negra, pois aquele país sofria com o processo de discriminação racial realizado por uma minoria de pessoas de cor branca. A luta de Nelson Mandela, contra o racismo na África do Sul, foi conhecida em todo o mundo e a formação do Movimento de Consciência Negra que resgatava a valorização da raça negra na sociedade reforçou a preocupação que se tinha em relação a ela, ganhando apoio dos futuros praticantes da cultura de rua hip hop.

Em paralelo às grandes guerras e aos movimentos populares, estava surgindo em Nova Iorque uma cultura cujas influências eram oriundas dos fatos atuais mais polêmicos da época, como a própria Guerra do Vietnã, e da imigração de pessoas dos países vizinhos. A cultura foi ganhando adeptos por tratar de assuntos que relacionavam os negros, pobres e o movimento das diversas identidades culturais vindas dos outros países, o que acabou se transformando em uma expressão artística multicultural.

> Na Jamaica surgiram os 'Sound Systems' que eram colocados nas ruas dos guetos jamaicanos para animar bailes. Esses bailes serviam de fundo para o discurso dos 'Toasters' autênticos mestres de cerimônias que comentavam nas suas intervenções assuntos como a violência e a situação política da ilha sem deixar de falar em temas mais prosaicos como sexo e drogas. No início da década de 1970, muitos jovens jamaicanos foram obrigados a imigrar para os Estados Unidos devido a uma crise econômica e social que se abateu sobre a ilha (BLACKPAGE/ Rap, 2000).

> Os porto-riquenhos expressavam com a dança suas insatisfações com a política e a Guerra do Vietnã. Apresentavam em performances que imitavam os helicópteros de guerra ou mesmo, os soldados que voltavam mutilados da guerra (e a dança) se alastrou junto às gangues nova-iorquinas que por volta da década de 1970 respondia (sic) à opressão social com violência brutal. Além das depredações dos prédios dos bairros, era comum o confronto armado, por tradição norte-americana os grupos étnicos não se misturavam (surgindo assim) gangues de hispânicos e de negros, cada uma tinha seu código (e seu território) demarcados por

grafiteiros" (que desenvolveram uma arte de pinturas que também era entendida como protesto) (BLACKPAGE/break, 2000).

A junção dessas manifestações ganhou o nome de hip hop, com influência dos fatos acontecidos após as guerras: a música rap, que permaneceu com a melodia idêntica aos discursos dos oradores jamaicanos; o break que passou a ser a dança característica da música rap, com movimentos denominados footworks (movimentos de chão), power moves (força) e freezes (posição extática), sofreu também influências dos estilos popping, locking, freestyle e newstyle entre outros; o DJ que passou a embalar as festas comunitárias e o graffiti (italiano) ou grafite, que passou a ser a forma artística que expressava a propagação dos ideais do rap, influenciado também por ativismo na França, Itália e EUA.

Segundo Diógenes (1998, p. 122), "o grafite teve a importante função de demarcar território de gangues juvenis, evitando as brigas entre as gangues rivais e, através dessas pinturas os grafiteiros do mundo todo passaram a abordar temas sociais."

Em seguida, esse fenômeno urbano se fortaleceu nas ruas de Nova Iorque com as ideias cultuadas pelos líderes negros norte-americanos como Malcom X e Martin Luther King.

Malcom X foi o principal porta-voz dos mulçumanos negros nos Estados Unidos na década de 1960. Sua oratória o tornou o centro das atenções, onde quer que discurssasse. Como as pessoas envolvidas na prática da cultura hip hop eram em sua maioria negras, as ideias de Malcom X, mesmo após sua morte em 1968, acabaram servindo de influência para que tais pessoas protestassem contra o racismo, o que só veio a somar com os ideais do movimento hip hop.

Martin Luther King incentivou o movimento pelos direitos civis nos Estados Unidos. Como era ativista negro, foi apoiado pelos responsáveis do movimento de rua, que tinha como meta principal, a valorização dos negros e pobres.

A expressão artística periférica passou a ser divulgado nos próprios guetos nova-iorquinos com a conscientização das gangues de rua e também a participação dos negros. Os assuntos abordados pela música rap eram polêmicos e procuravam alertar as pessoas para a mudança nos setores da sociedade. Esse estilo de música passou a usar como argumento a chamada "liberdade de expressão" para desformalizar o discurso musical usando gírias e algumas palavras obscenas, com o intuito de chamar a atenção dos ouvintes como uma forma de não esconder o que seus praticantes pensavam.

Os DJ's Afrika Bambaataa, Kool Herc e Grand Master Flash, responsável por criar a técnica denominada scratch, incentivaram as gangues de rua de Nova Iorque a participarem das festas de rua, e em vez de praticarem violência, começaram a estabelecer as batalhas em danças e rimas. Houve organização e participação ativa nas reivindicações sociais, ganhando divulgação e seguidores em todo o mundo.

> Bambaataa convivia com outros jovens nas ruas do Bronx, em Nova York, durante esse período de reivindicações e protestos. Ele propôs então, que as gangues trocassem os conflitos reais pelo embate artístico, dando origem às emblemáticas batalhas de break. Em 1970, Bambaataa se associou ao projeto Bronx River, uma divisão de uma gangue de rua, a Black Spades, e começou a revolucionar o estilo que vinha criando: passou a organizar festas de rua (Block Parties) para a comunidade do Bronx (ROCHA; DOMENICH; CASSEANO, 2001, p. 127).

Em 1973, Bambaataa fundou a ONG Zulu Nation que buscava promover a cultura e o hip hop como o melhor caminho para manter os jovens afastados do crime e da violência presentes nas ruas. Essa organização promovia inclusão dos jovens, oferecendo oportunidades por meio de palestras e aulas, com o objetivo de mudar o pensamento autodestrutivo dos jovens dos guetos norte-americanos e tinha o lema "Paz, amor, união e diversão".

A adesão dos jovens se deu, basicamente, pelo fato desses participarem de projetos construtivos e serem alertados, através do movimento cultural, sobre problemas como drogas, violência material e simbólica contra a população de baixa renda, racismo entre outros.

Muitos ritmos musicais nasceram sob forma de protesto, inclusive alguns que inspiraram a cultura aqui analisada, por se tratar de manifestações culturais afro-americanas como o blues, soul, rhythm and blues e a música gospel. O que diferencia propriamente o rap dos outros estilos musicais em sua forma moderna é a forma como são transmitidas as informações. Enquanto alguns estilos musicais se preocupam com a melodia, arranjos e fala sobre temas "fáceis" de exploração como sentimentalismo, o rap não abre mão de conscientizar o grupo social que se constitui o seu público-alvo e usa temáticas realistas sempre com informes e/ou denúncias. Esse tipo de linguagem incentiva a mudança do comportamento passivo dos jovens, principalmente, em relação aos problemas sociais e mantém uma linearidade com seus propósitos de origem.

A música rap assumiu esse caráter politizado com fatos que envolvem a sociedade. Suas apelações passam a ser um reflexo do dia a dia de cada componente envolvido com a cultura. As gírias também representam um elemento de coesão de grupo, constrói um modo próprio de se expressar, atributo que também é visto na linguagem corporal.

A partir de uma análise sociolinguística em relação à linguagem, é possível identificar mecanismos que estabelecem uma relação entre linguagem e sociedade. O estilo, maneira de exprimir os pensamentos, pode ser encarado como constituição dos enunciados do falante, revelando tal vinculação com o meio social. "(...) os estilos são considerados como códigos dentre os quais os locutores de uma comunidade linguística podem operar uma escolha apropriada à situação, tanto do ponto de vista social quanto cultural (...)" (Lefebvre in: POSSENTI, 1988, p. 187). Assim, como na produção do enunciado, a temática da música rap nos mostra que as letras são baseadas na vivência da cada autor; os assuntos abordados são encontrados no convívio social e são colocados dessa forma como uma possível alusão à mudança.

Partindo para a teoria da análise do discurso, encontraremos questões discursivas relacionadas ao sujeito, como sendo revelador de sua visão de mundo materializada nas formações discursivas. "Quando um enunciador comunica alguma coisa, tem em vista agir no mundo. Ao exercer seu fazer informativo, produz um sentido com a finalidade de influir sobre os outros. Deseja que o enunciatário creia no que ele diz, faça alguma coisa, mude de comportamento ou opinião etc." (FIORIN, 1990, p. 74)

Com a formação do hip hop, o grafite, o break e a música rap ganharam ares de reivindicação, o que foi possível notar durante toda a existência dessa manifestação cultural. Os sujeitos envolvidos com essa arte procuram mostrar as experiências vividas enquanto cidadãos comuns, marginalizados e/ou discriminados. Assim, notamos que a maioria desses participantes apresenta um tom de revolta que muitos consideram vulgar.

Com o passar do tempo, o rap criou subgêneros como o gangsta rap, muito popular nos EUA caracteriza um sujeito que enaltece o envolvimento com a criminalidade, palavra derivada de gangster; punchline rap, letras apimentadas; o trap, caracterizado por seu conteúdo lírico agressivo; o boom bap, característico pelo uso dos tambores bumbo e caixas bem evidentes e pelo uso constante de samples; freestyle, além de outras ramificações como alternative rap, old school rap, hip-house, hip hop cristão, pop-rap, southern rap, bass music e outros. As batalhas de rimas já eram populares nos Estados Unidos na década de 1980 e continuam atualmente com grande frequência. A música também ganhou outras temáticas como ostentação, entretanto suas raízes continuam como a tônica da proposta musical pelo menos no Brasil. Além disso, nas últimas décadas houve uma popularização do break com ajuda do Red Bull BC One, um concurso mundial de performances para escolha dos melhores dançarinos. Com muitos críticos e simpatizantes, esse concurso ajudou a divulgar a dança, porém com aspectos diferentes de suas raízes, tornando-a um produto cultural. O hip hop hoje configura-se como a cultura mais popular, presente em todos os países.

Apesar disso, todo novo participante segue a mesma linha de raciocínio, ou seja, aquela que irá relatar todo tipo de problema encontrado na sociedade, em especial nas periferias das megalópoles. Quando ressaltam essas questões, na verdade, os praticantes da cultura hip hop nos remetem ao fato de que é preciso uma tomada de posição frente aos acontecimentos, um posicionamento que irá contribuir na melhor tentativa de mudança ou transformação da realidade social, esquecida pelo Estado, negado por ele e longe de resolver conflitos urbanos que desembocam nas periferias.

Nos Estados Unidos alguns nomes conhecidos do hip hop são Grandmaster Flash, NWA, LL Cool J, Busta Rhymes, Coolio, Ice-T, Snoop Dogg, Run DMC, Eminem, Tupac Shakur, Eminem, Nicki Minaj, MC Hammer, Chris Brown, Rakim, 50 Cent, Drake, Post Malone, Cardi B, Travis Scott, Notourious BIG, Jay Z, Ol' Dirty

Bastard, Dr. Dre e outros. 12 de novembro de 1973 é comemorado o dia do nascimento do hip hop com a fundação da Zulu Nation, a primeira e mais importante organização dessa manifestação cultural no mundo.

O primeiro registro fonográfico do hip hop nos Estados Unidos foi gravado em 1979 por The Sugarhill Gang com a música "Rapper's Delight", porém há informações que meses antes havia uma canção denominada "King Tim III (Personality Jock)" do grupo The Fatback Band. Influenciado pela música eletrônica de Kraftwerk, Bambaataa resolveu usar sintetizadores e criou a música Planet Rock em 1982, popularizando o estilo e servindo de influência para a derivação de alguns estilos musicais como o Miami Bass e o Freestyle.

A INFLUÊNCIA DO **HIP HOP** NO BRASIL

As grandes discussões elaboradas pela sociedade norte-americana sobre os fatos acontecidos, entre as décadas de 1960 e 1970, foram as principais influências para a formação do hip hop nos Estados Unidos. A música rap americana, apesar de apresentar-se como música de protesto desde quando surgiu, somente ganhou divulgação como tal a partir de seus primeiros registros fonográficos, anos após o seu surgimento, o que resultou na sua difusão pelo mundo.

> O hip hop é um dos fenômenos culturais americanos mais importantes dos últimos trinta anos. Sua influência se estendeu não apenas sobre a música, como também sobre o cinema, a televisão, a publicidade, a dança e a moda (GAZETA MERCANTIL, 2000, p. 18).

Caracterizado como veículo de difusão de ideias da cultura negra, o hip hop conseguiu espaço por ser uma atividade da periferia urbana, fato que foi decisivo na sua adesão em outros países sofredores do problema do inchaço das cidades, do aumento do desemprego estrutural etc. Não só a comunidade negra foi influenciada pelo hip hop, mas também outras minorias como filhos de imigrantes da periferia de São Paulo.

No Brasil, o hip hop começou na rua 24 de Maio em São Paulo e na estação São Bento, quando os jovens começaram a ensaiar o mesmo movimento cultural que acontecia em Nova Iorque. Filmes como Beat Street, de 1984 e os bailes blacks realizados nas periferias serviram de inspiração. Nelson Triunfo é o nome de referência nessa época. O primeiro registro fonográfico foi o disco Hip hop Cultura de Rua, apresentou grupos como Thaíde & DJ Hum, MC Jack, Código 13, O Credo, foi lançado em 1988 em São Paulo e produzido por integrantes da banda Ira. Além disso, o hip hop veio propagar-se através de algumas equipes contratadas pelas gravadoras de discos que divulgavam as músicas nos subúrbios paulistas e cariocas no início da década de 1980. "O break chegou a ser divulgado pelos meios de comunicação de massa brasileiros, incluindo concursos de break em programas de televisão como os do Chacrinha ou do Silvio Santos, mas nunca se tornou popular (...)" (VIANA, 1997, p. 4).

Através das ideias veiculadas, a música rap começou a se identificar com os fatos que também eram polêmicos aqui no Brasil, como manifestações por melhores salários ocasionando uma onda de greves em todo o país, e protestos contra o regime militar em vigor no Brasil naquela época.

A expressividade das manifestações populares originadas da sociedade civil começou a crescer, "as manifestações populares (...) em torno das Diretas Já – as maiores já registradas na história do país – corroboram (sobre a hipótese) de potencialização dos movimentos populares." (GOHN, 1985, p. 09) e o movimento hip hop abraçou partido contra o regime militar e outros problemas relacionados as periferias.

Os primeiros praticantes brasileiros desse segmento cultural foram presos pelo regime militar instaurado no Brasil após o golpe de

1964; nesse sentido, a censura também foi companheira das primeiras manifestações do movimento em tela. É possível observar, a partir dos estudos feitos sobre a cultura de rua, a sua identificação com as minorias, tanto nos temas abordados nas músicas, quanto no perfil de seus praticantes. Todos estão relacionados às áreas periféricas das grandes cidades. Outra observação importante a registrar é o afastamento da mídia televisiva aqui no Brasil. O hip hop nos meios de comunicação de massa não garante a audiência desejada quando cotejado com as músicas que não abordam temas de transformação radical das estruturas políticas, salvo algumas exceções.

Assim sendo verbalizado, porém silenciado por esses meios de comunicação de massa, o rap apresenta um lugar de fala de significação:

> (...) funcionando como flagrante, tomado como instalação, é uma modalidade narrativa urbana, cujo lugar é o gueto. Tem sua forma material: o gesto, o lugar, a cena, a palavra, o som, os corpos. Sítio de significação. Concreto. Novo. Deslocamento na materialidade do real concreto urbano na relação com o simbólico. E o que esse deslocamento significa? Fundamentalmente que quando o espaço é silenciado o espaço responde significativamente (ORLANDI, 2004, p. 31).

A agressividade nos versos da música rap revela vivência das ruas, enquanto que a exibição do corpo feminino nos outros estilos musicais garante a erotização precoce e o cantar popular de temas insignificantes. Os rappers combatem esse tipo de conteúdo, nas letras de grupos como Facção Central, RZO, Thaíde e DJ Hum, Detentos do Rap, Sabotage, Gabriel O Pensador, Sabotage, Gog, Z'África Brasil, Realidade Cruel, Face da Morte, Sistema Negro, Pavilhão 9,

Xis, Câmbio Negro, Marcelo D2, MV Bill, Cirurgia Moral, Detentos do Rap e Rappin Hood, os pontos pertinentes atentam para a postura crítica frente aos problemas sociais denunciados, um discurso de resistência pela abordagem de temas voltados para a comunidade negra e periférica.

A preocupação dos rappers também se volta para a falta de mobilização social e eles culpam uma parcela da sociedade pela aceitação dos programas de baixo nível que apenas reduz-lhes o tempo que deveriam dedicar ao diálogo com os filhos. Até mesmo nos versos das músicas encontramos tal inquietação: "(...) eu sou(...) a CPI da favela, a luta do vinil contra a alienação da novela" (GOG in: RAP BRASIL, 2000, p. 32).

> Mesmo depois dos nos 90, quando a imprensa passou a destacar a atuação dos rappers como 'sociólogos' da periferia, muitos hip hoppers preferiam continuar à margem da mídia, por considerá-la aliada do sistema que eles tanto combatem. É o caso dos Racionais MC's, que continuam a evitar a mídia e a buscar os próprios caminhos (ROCHA, et. al,2001, p. 91).

No Brasil, o grupo Racionais MC's, da cidade de são Paulo, é a grande fonte de inspiração para vários rappers por apresentar uma linha de trabalho e discurso que evita a possibilidade de aliança com as emissoras de televisão de grande massa.

Alguns grupos de rap também desenvolveram trabalhos de conscientização em escolas públicas, alertando as crianças sobre drogas, violência e descaso político para com a comunidade de baixa renda.

Diante dessas afirmações, é possível identificar as propostas das pessoas envolvidas com o hip hop, e também traçar um paralelo ente o discurso da música rap e o discurso dos partidos de esquerda da política brasileira. Apesar dessa comparação parecer um pouco óbvia, há resistências de boa parte dos integrantes às filiações partidárias declaradas dentro dessa cultura, como também rappers ligados ao discurso de direita.

Utilizo neste livro os termos "esquerda" e "direita" como popularmente são conhecidos na política brasileira. Conforme explicita o jornal Estado de Minas, há uma formação ideológica nos partidos brasileiros. Esses termos advêm da Revolução Francesa de 1789, quando os membros da Assembléia Nacional se dividiam em partidários do rei à direita e simpatizantes da revolução à sua esquerda. A partir dessa observação, a direita representaria uma visão mais conservadora, mantendo o poder da elite e a esquerda presumiria lutar pelos direitos dos trabalhadores e das populações de baixa renda.

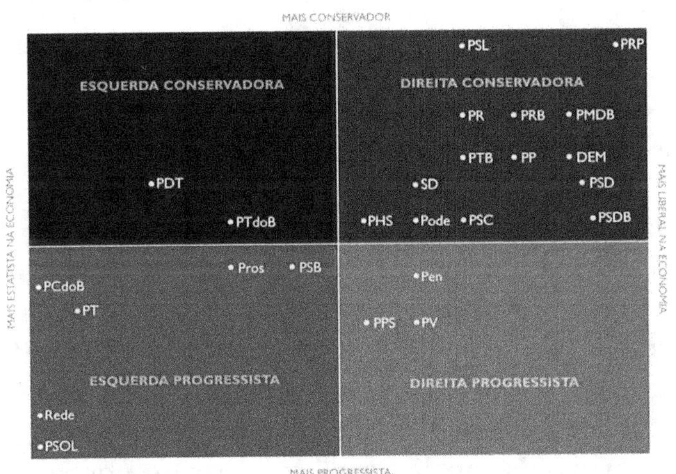

Panorama ideológico dos partidos brasileiros (ESTADO DE MINAS, 2020)

Ao surgir no Brasil, na década de 1980, o movimento hip hop ganhou auxílio da prefeitura de São Paulo, na época comandada pelo Partido dos Trabalhadores (PT), fato que foi decisivo na divulgação dessa atividade cultural.

Tomemos como exemplo, um quadro que mostra as duas principais organizações políticas sindicais brasileiras em comício realizado no dia do trabalho em São Paulo no ano de 2000. A identificação da música é vista como atração dos partidos de esquerda:

	FORÇA SINDICAL	CUT
Quem subiu no palanque:	Luiz Antônio de Medeiros e o Arcebispo de São Paulo	Luiz Inácio Lula da Silva, Vicentinho e Marta Suplicy
Atrações:	Grupos de pagode e cantores sertanejos	Lobão, Jorge Bem jor e Grupos de rap
Recursos extra:	Sorteio de carros e apartamentos	Nenhum
Resultado:	60 mil pessoas	22 mil pessoas

(VEJA, 2000, p. 41)

Os ideais da música rap se identificam com algumas propostas dos partidos de esquerda por incentivar a mudança social. Trechos do Manifesto do Partido dos Trabalhadores também abordam alguns assuntos que são usados como temas nos versos da música rap. "Os trabalhadores já sabem que a liberdade nunca foi nem será dada de presente, mas será obra de seu próprio esforço coletivo..." (COMISSÃO EXECUTIVA DO PTA, 1987, p. 06). Em outras palavras, Gabriel O Pensador (rapper carioca) em seu álbum de estreia usou um discurso parecido: "não seja um imbecil, meu irmão, ponha a mão na cabeça para pra pensar, nós temos o poder de abalar" (GABRIEL O PENSADOR, EMI, 1993).

As intenções nesses enunciados incitam a organização coletiva dando uma ideia de atitudes democráticas, característica nos dois segmentos mostrados. Observa-se no Brasil, poucas menções a identidade de gangsta rap, uma vertente estigmatizada pela defesa de temas polêmicos como sexualidade, drogas, crime etc.

A música rap, tanto no Brasil, quanto em outros países, procura denunciar problemas relacionados à negritude, às políticas governamentais e à ação da polícia, como as letras do grupo americano N.W.A, que mostram uma relação de confronto da polícia com as minorias. O reflexo desses e de outros assuntos aparece principalmente nos versos das músicas, o que acaba lhe dando um caráter denunciador e revelador da realidade. "(...) corri procurar um trampo como um rapaz normal mais (sic) eu tive que lutar contra um grande mal e ele se chama preconceito racial" (Menores Conscientes in: RAP BRASIL, 2000, p. 19)

A insistência de mudança no atual quadro social é o principal argumento usado na música rap e o que é possível notar também, na maioria dessas letras, é o relato de vida pobre e miserável da periferia, o alto consumo de drogas, o porte ilegal de armas e a facilidade do morador de periferia entrar para a vida no crime; fatos que não são novidades na vida suburbana.

A hegemonia das manifestações culturais das classes sociais com alto poder aquisitivo sobre as de baixa renda acaba gerando conflitos que pretendem garantir a superação de uma classe sobre a outra, o que acaba gerando protestos contra os descasos e revelando a presença dos oprimidos na cena política.

Esse foco de participação dos rappers em protestos intensificou-se nas manifestações acontecidas em 2013. Nesse episódio em específico, a polarização dos movimentos de direita e esquerda no Brasil ganhou intensidade. O impacto da presença de muitos artistas nas manifestações de rua conhecidas por ter participação popular acabou dividindo a opinião pública. Mesmo assim, ainda foi possível observar as semelhanças com os ideais de partidos de esquerda caracterizados pelas tentativas de convencimento que tratam das classes menos favorecidas e também o surgimento de rappers de direita.

Na análise de discurso, o sujeito é marcado pela ideologia e esta lhe dá uma identidade. Essas semelhanças apontadas nos discursos não nasceram com o indivíduo, o nome disso na análise de discurso é "esquecimento do sujeito". Não somos a fonte de sentidos, nossos discursos são fruto de influências coletivas e que são muitas vezes fomentadas pelos aparelhos ideológicos como escolas, família, igrejas, instituições de um modo geral. Assim consideramos os praticantes desse movimento cultural como aqueles que discursam uma prática social. "É a ideologia que fornece as evidências pelas quais "todo mundo sabe" o que é um soldado, um operário, um patrão, uma fábrica, uma greve, etc., [...]." (PÊCHEUX, 1988, p. 160).

Conforme menciona a linguista Eni Orlandi: "o dizer não é propriedade particular", então todo enunciado é carregado de sentido. Isso nos remete a pensar de que lugar o sujeito revela o que diz? Um cidadão comum, um rapper, um militante de um partido político; como é construída essa formação discursiva do sujeito?

Ao analisarmos o manifesto do partido dos Trabalhadores, encontramos as mesmas tentativas de convencimento das mudanças sociais: "(...) buscará conquistar a liberdade para que o povo possa construir uma sociedade igualitária, onde não haja explorados nem exploradores." (COMISSÃO EXECUTIVA DO PT. 1987, p. 07).

A transformação social é um dos principais objetivos tanto dos partidos de esquerda, quanto da música rap e isso é possível identificar nos apelos usados em ambos os discursos. O envolvimento da participação popular nos partidos políticos tem gerado movimentos sociais variados e os praticantes do hip hop, ao participarem de comícios dos partidos de esquerda, mantém uma sintonia com tais predileções, mas rechaçam qualquer tipo de vinculação mais estreita entre esse segmento cultural e um partido político em especial, ou seja, o hip hop é um movimento cultural politizado, mas não partidarizado.

O Partido Socialista Brasileiro (PSB) apresenta em seu manifesto algumas passagens que objetivam:

> Estimular o desenvolvimento de valores morais e comportamentais que contribuam para acelerar a abolição dos antagonismos de classes e da exploração entre classes e segmentos sociais, bem como de todas as formas que justificam ideologicamente a discriminação e a marginalização de indivíduos e grupos sociais (COMISSÃO EXECUTIVA DO PSB, 1997, p. 16).

Talvez os regimentos de outros partidos estabeleçam tais considerações, todavia destaco aqui a identificação que os partidos de esquerda exercem sobre o estilo musical analisado neste livro. Um exemplo disso é que o PT já chegou a cotar um vocalista de grupo de rap paulista como possível candidato a cargo eletivo. Os próprios praticantes da cultura hip hop afirmam votar em partidos de esquerda por simpatia e por não mais acreditar na política de outros partidos.

Foto por J. Freitas/Agência Brasil – 25/3/2004

A foto acima, tirada em 2002, corrobora com a possível semelhança ideológica entre os ideais do rap e os partidos de esquerda, mostrando uma comitiva de rappers brasileiros no Planalto, o presidente em questão era Luiz Inácio Lula da Silva do PT. Na época, a visita dividiu opiniões da comunidade do hip hop, pois muitos alegaram que o movimento devia ser apartidário.

Em 2018, o rapper Mano Brown, do grupo Racionais MCs, foi vaiado por simpatizantes do Partido dos Trabalhadores, durante comício do então candidato a presidência da república Haddad, ao dizer que o PT não consegue mais falar com as periferias. Brown se referia a uma possível mudança de posicionamento ideológico do partido ao assumir o Governo Federal. Além disso, discursou afirmando que não estava representando ninguém apenas ele mesmo.

Foto: MAURO PIMENTEL / AFP

No Brasil, o rap foi caracterizado por revelar as atitudes de protestos dos moradores das periferias, seus principais incentivadores. A desigualdade social brasileira tornou-se alvo das vozes desse estilo musical que surgiu para reclamar com veemência descasos atribuídos a certo grupo social.

Em Alagoas, o sociólogo BARROSO cita a participação dos integrantes do movimento hip hop alagoano em diversos grupos sociais:

> A proximidade do hip hop com os movimentos sociais no Brasil é patente na atuação das posses e de artistas nas grandes cidades nacionais desde os anos 1990 a 2000. Dentre as pautas sociais, registra-se nesse período o contato dessa vertente político-cultural com bandeiras como Movimento Negro, Movimento dos Trabalhadores Rurais Sem Terra (MST) e do Movimento dos Trabalhadores Sem Teto (MTST), assim como com associações de bairros, ONGs, sindicatos e partidos políticos. Porém, principalmente com a intensificação dos movimentos identitários, ampliou-se a articulação do hip hop com pautas feministas, LGBTs, entre outras (BARROSO, 2019, p. 107).

Além dessas intervenções, alguns rappers alagoanos já se filiaram a partidos políticos, inclusive já tivemos um deles como candidato em eleições. Apesar de gerar algumas discussões sobre o ingresso na política, o que observamos é que os partidos escolhidos são sempre de esquerda.

Isso revela que os questionamentos presentes nas músicas são a expressão dos sentimentos gerais dos habitantes da periferia.

"Se, do ponto genético, as formações ideológicas materializadas nas formações discursivas é o que determinam o discurso, do ponto de vista da análise é o discurso que vai revelar quem é o sujeito, qual vai ser sua visão de mundo" (FIORIN, 1990, p. 74).

Os moradores dos bairros pobres somam a maior parcela de praticantes do hip hop, por isso, revelam o cotidiano da periferia falando sobre os problemas lá existentes, deixando o discurso da música rap como intermediário entre os moradores e suas realidades. Por isso, destaco a similaridade de discursos operados na música rap com uma linha de ação partidária devido à semelhança nas propostas discursivas.

Segundo os analistas de discurso, algumas questões devem ser levadas em consideração quando se propõe analisar quem é o sujeito "autor' do discurso e quais as suas "intenções" para tal: "(...) vale pensar também na história pessoal de quem escreveu (...) na sua relação com aqueles que endereça seu escrito (...) tudo isso, segundo a análise de discurso, deve ser levado em conta quando a gente reflete sobre a linguagem e seus procedimentos de significação" (ORLANDI, 1987, p. 63).

Não obstante, a reportagem de Silvio Essinger da revista Época, de 25 de setembro de 2019, mostra o emergente aparecimento de rappers de direita em diversas cidades brasileiras. Segundo a matéria, "as mudanças políticas pelas quais o país passou também provocaram algumas mutações nas periferias urbanas", entre essas mudanças, o rap de direita. Nomes como Luiz Paulo Pereira (codinome Visitante), Mensageiros da Profecia, PapaMike e Sandro Miguel revelam conotações ligadas ao patriotismo, meritocracia, família, religião, liberalismo econômico e heroísmo policial que são invocados com orgulho diante da ameaça de um "marxismo cultural".

Nos Estados Unidos ocorre um processo semelhante. De acordo com a revista Forbes, 266 letras recentes de rap citam Donald Trump (atual presidente dos EUA) como exemplo positivo. Trump é conhecido por um perfil conservador.

A relação do rap americano com a política naquele país sempre foi muito marcante, porém a música rap nos Estados Unidos, demorou a ser reconhecida pelas academias e lembradas pela Casa Branca. Segundo a revista,

> Quatro décadas depois do nascimento do rap nos subúrbios de Nova York, Kendrick Lamar recebeu o Prêmio Pulitzer da Universidade Columbia por sua música, tornando-se o primeiro musicista não clássico a receber o reconhecimento. Em abril de 2016, Obama convidou alguns dos rappers mais populares do momento, como Chance the Rapper, J. Cole, Ludacris e Nicki Minaj, para falar da reforma do sistema judiciário, acusado de ser "construído para oprimir e humilhar os negros. (...)

> Durante toda a sua vida, o rap andou lado a lado com a política. O governo de Ronald Reagan – marcado por uma relação difícil com a comunidade afro-americana ("eu tentei de tudo para ganhar a simpatia dos negros, mas não consegui. Continuaram a me criticar de maneira horrível", disse uma vez o ex-presidente) – deu vida à mais potente revolução na história do gênero. Foi nesse período que nasceu o gangsta rap, quando os N.W.A. – célebre grupo de Los Angeles que marcou a história do hip hop – compuseram "Fuck The Police", single que fez com que fossem censurados em todas as rádios do

> país e culminou em um notável encontro muito próximo com o FBI durante uma apresentação em Detroit, em 1989 (FORBES, 2018).

Como observado, a simpatia entre o hip hop e o discurso de direita é um aspecto recente ligado a alguns membros desse movimento cultural e que merece estudos posteriores.

Atualmente, no cenário musical, o rap nacional apresenta uma grande diversidade de integrantes, entre os mais conhecidos estão Felipe Ret, Flora Matos, Clone Crew Diretoria, Haikaiss, Projota, Criolo Doido, Negra Li, Karol Conka, Clau, 1Kilo, Oriente, Classe A, Rashid, Hungria Hip-hop, 3030, Djonga, Emicida, além de outros. Através da lei 13.201/2008 de autoria do deputado Geraldo Vinholi, aprovada pela Assembleia Legislativa do Estado de São Paulo em 2008, no dia 6 de agosto é comemorado o Dia do Rap Nacional.

Para finalizar este capítulo, uma observação importante a ressaltarmos é a diferença entre a música rap e as manifestações da cultura popular nordestina conhecida como repente, embolada, desafio. A temática desses três últimos é caracterizada pela apresentação de elementos ligados à cultura popular nordestina no Brasil, fantasiando seus costumes e revelando, de forma satírica, a vivência desse povo. São "causos" situados no mundo do maravilhoso. Quando falam em política é mais numa circunscrição a curiosidades de um evento ou de um político. Não são vistos como "discursos-denúncia".

A semelhança entre esses ritmos musicais está na produção do ritmo falado. No repente, as rimas são improvisadas de acordo com o assunto abordado, ganhando a mesma característica vocal da música rap, mas se diferenciam pelas elaborações de suas temáticas. A música rap tem um tom mais agressivo e mais realista e não varia tanto quanto no repente, apesar da extensão das letras.

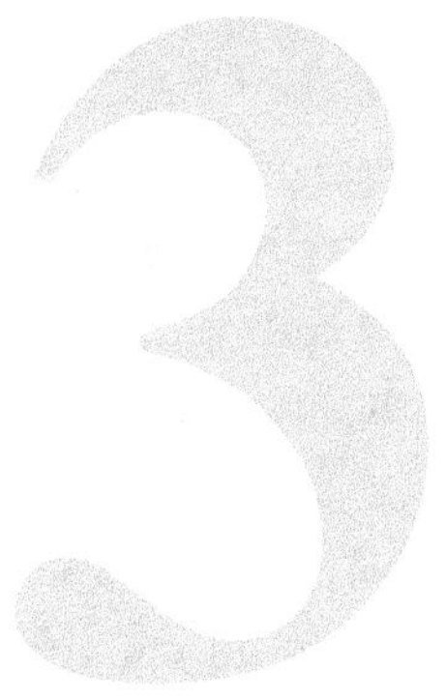

OS DISCURSOS PRESENTES
NAS LETRAS

A teoria da Análise de Discurso é uma área da linguística que tem por objetivo analisar as condições pelas quais a linguagem é produzida. Os pressupostos dessa vertente linguística despontaram no final da década de 1960 na França com Michel Pêcheux a partir dos questionamentos sobre a necessidade de um dispositivo teórico para a leitura. No Brasil a professora Eni Pulcinelli Orlandi, do Departamento de Linguística do Instituto de Estudos da Linguagem (IEL) da Unicamp é a principal referência no assunto.

Segundo o filósofo, as inferências do discurso partem da ideia de que o texto deve ser analisado a partir de uma inclusão daquilo que foi desprezado.

Assim, a teoria da Análise de Discurso sugere que o sujeito é construído pela ideologia e que a linguagem não é transparente, logo não há neutralidade no enunciado. O seu discurso é efeito de sentido entre os interlocutores em condições determinadas de produção podendo ser repetição.

Nesse entendimento, a formação discursiva é uma formação ideológica dada, determinando o que pode e deve ser dito, suas condições podem ser estritas ou amplas e suas concepções orientam que o discurso é fruto de uma prática social, por isso orienta as práticas do sujeito.

Segundo os analistas de discurso, os dizeres não são apenas mensagens decodificadas. A análise de discurso se preocupa com os efeitos de sentido, ou seja, o que não está dito explicitamente, mas que se relaciona com intenções de quem elaborou o enunciado.

Dessa forma, ao analisarmos os objetivos verbalizados pelos praticantes do hip hop e da ideologia proposta pela música rap, é possível observar que seus argumentos são relacionados a propostas sociais ligadas às populações de baixa renda. Além disso, é importante perceber o modo de constituição de sentidos e como os sujeitos assumem suas posições discursivas.

As bases de análises propostas neste livro tentarão mostrar, de maneira simples, a relação do discurso de algumas músicas norte-americanas e brasileiras diante da temática abordada nessa cultura. Visto que várias são as possibilidades de leituras, consideraremos os pontos em comum nas letras analisadas. Essa é a forma de funcionamento do discurso, revelando a identificação dos rappers através da ideologia.

Quero destacar nesse capítulo a escolha simples e fragmentada da análise, tendo em vista que algumas letras de rap americanas, hoje em dia, passam a ser ressignificadas para satisfazer o público consumidor com temáticas distantes da proposta original do hip hop. Nesse sentido, escolho algumas letras da década de 1990 por similaridades nos discursos.

Para verificarmos tal consideração, destacamos quatro grupos que realizam trabalhos com o rap: Gog (Brasil), Racionais MC's (Brasil), Public Enemy (EUA) e Tupac Shakur (EUA). O local de surgimento desses grupos será o primeiro objeto desta análise.

GRUPO	ORIGEM
Gog	Riacho Fundo (periferia de Brasília)
Racionais MC's	Capão Redondo (periferia de São Paulo)
Public Enemy	Long Island (Nova Iorque)
Tupac Shakur	Bronx (periferia de Nova Iorque)

Além de outras músicas, daremos destaque nesta análise para: Periferia Segue Sangrando (Gog), Capítulo 4, Versículo 3 (Racionais MC's), Power to The People (Public Enemy) e Life Goes On (Tupac Shakur). As condições de produção do discurso estão relacionadas à origem de cada grupo, pois eles são oriundos de bairros considerados pobres.

Pelo fato de esses letristas revelarem situações rotineiras em tais músicas, podemos considerar que o testemunho dos fatos, revelados nas músicas, está materializado nas marcas das enunciações presentes nessas letras, e com isso, temos o que os analistas de discurso denominam "autoridade relacionada à enunciação", revelando as condições de produção das composições estudadas.

Se levarmos em consideração o comportamento dos indivíduos baseados na Psicologia e na Sociologia, veremos que o ser é determinado de acordo com o ambiente em que vive, ou seja, as influências de tal ser serão comuns a todos encontrados naquele ambiente ou situação. Isso é possível notar nos costumes dos povos de determinadas regiões, na vida desenvolvida das metrópoles, no convívio das pessoas de baixa renda entre outros e no discurso essas marcas são ideológicas. Segundo Pêcheux (1988), não há discurso sem sujeito e não há sujeito sem ideologia.

Ethos é a denominação grega que revela o conjunto de traços ou comportamentos oriundos das marcas socioculturais, uma identidade social de um grupo. Nesse caso, atribuição a esse termo revela sua discussão, seu questionamento para o seu entendimento. Os cidadãos dos bairros populosos e dos subúrbios das cidades possuem uma história de luta, reivindicam as mudanças sociais, pois veem seus filhos sofrendo uma violência que não tem fim. Isso é uma marca social das periferias.

Sendo assim, as origens dos grupos apresentados nesta pesquisa podem revelar nos escritos pontos em comum, geralmente encontrados no convívio das localidades subdesenvolvidas. No texto, essas marcas linguísticas significam e podem ser percebidas, porém como chegaram a ser produzidas? O importante na análise é, segundo Orlandi: "como este texto significa? (...) onde a questão a ser respondida não é "o quê" mas o "como". (ORLANDI, 2013, p. 17).

Tendo em vista primeiramente o fato de estes letristas se basearem em relatos cotidianos, característicos do estilo de música rap, verificaremos que tais escritos revelam inúmeras questões de ordem social e política. Os processos ideológicos que permeiam esses discursos visam combater muitas mazelas sociais e, para uma discussão mais aprofundada, necessitaríamos de entendimento sob as bases do modelo capitalista, uma discussão que deixo para estudos posteriores. Detenho-me nesta análise a encontrar, nas letras selecionadas, pontos em comum e que revelam situações do dia a dia.

Entre as letras 'Life Goes On" e "Capítulo 4, Versículo 3", é possível notar as marcas de enunciação ligadas ao relato dos problemas suburbanos: "Quantos irmãos caíram vítimas das ruas, descanse em paz..." Tupac Shakur. Partindo para a dimensão discursiva do termo 'caíram vítimas das ruas' podemos interpretá-lo como as pessoas que foram assassinadas vítimas da violência das ruas; problema comum encontrados nos subúrbios norte-americanos. O rapper autor dessa música participava de brigas entre gangues e foi morto supostamente por esse mesmo problema.

Já para os brasileiros do grupo Racionais MC's, com a música selecionada, narram a respeito da violência das ruas "para os manos da Baixada Fluminense a Ceilândia, eu sei as ruas não são como a Disneylândia", onde os bairros citados que se situam no Rio de Janeiro e em Brasília, encontram-se com grandes índices de marginalidade e os próprios moradores temem andar nessas localidades. Nesse caso, O funcionamento do interdiscurso aciona a memória discursiva pelo que foi mencionado, convocando outros dizeres que sustentam o discurso apresentado. Se as ruas não são como a Disneylândia, há informações não mencionadas que fazem esse tipo de informação fazer sentido.

> A formulação, então, está determinada pela relação que estabelecemos com o interdiscurso: no exemplo dado, (...) o saber discursivo que foi-se constituindo ao longo da história e foi produzindo dizeres, a memória que tornou possível esse dizer para esses sujeitos num determinado momento e que representa o eixo de sua constituição (interdiscurso) (ORLANDI, 2003, p. 33).

A posição de rapper dentro da discursividade que estes vocalistas assumem, incentiva-os à prática de ações contra a marginalidade nas ruas. A alusão à mudança é refletida na tentativa de mostrar essa realidade nas composições. O discurso é idealizado, porém perpassa por questões ideológicas e que fizeram o mesmo ser materializado. A ruptura social é identificada nos discursos apresentados nessas músicas: "se eu fosse aquele cara que se humilha no sinal por menos de um real a chance era pouca", Racionais MC's. Essas descrições sugerem também interpretações de fundo psicológico.

As formações discursivas são discutidas nessas canções a partir da construção de imagens mentais das narrativas. O sujeito vai inserindo a produção de efeitos de sentido agregando fatos cotidianos. A música Periferia Segue Sangrando inicia com: "7 horas em ponto / ligo o rádio e pronto / as notícias não são nada boas / ponto final na vida de várias pessoas / e o que seria um fim de semana / foi um banho de sangue / o rabecão não parou um instante". A música carrega um imaginário discursivo, constrói uma materialidade da linguagem e o sentido atribuído não é qualquer um. A composição denuncia uma rotina violenta, então apresenta a partir das suas condições de produção e de circulação, uma ideologia consistente a respeito dos problemas sociais.

Os lugares retratados nessas músicas são os bairros onde os grupos surgiram: violentos e de baixa renda; os sujeitos que as escrevem geralmente convivem com a vida marginalizada e a posição de rapper que estes assumem lhes dão uma posição crítica frente ao problema. Desse modo, o rapper profere uma formação discursiva de quem está vivenciando o discurso emitido, por estar inserido como morador de periferia. É importante lembrar que, para uma análise mais minuciosa nessa teoria do discurso, o emissor e o destinatário da mensagem ocupam diferentes posições do sujeito, remetendo ao conceito de formações imaginárias, não analisadas nesse estudo.

O modo de funcionamento do discurso dessas músicas vai estar ligado à referência aos problemas como violência, drogas e ao relato do cotidiano da periferia. Vale salientar que um tema muito frequente nas letras é a relação conflituosa com a polícia, sendo um aspecto bastante abordado em outras composições.

Apesar de ser um estilo importado, o discurso contundente dessa manifestação cultural fez com que muitos cidadãos pudessem discutir assuntos que provocavam inquietações, como a identificação com a raça. A música brasileira, como o samba, trazia essa abordagem, entretanto o hip hop potencializou isso.

A identidade negra é marcada nos discursos de várias composições como, por exemplo, nas músicas Negro Drama e Fim de Semana no Parque, do grupo Racionais MC's. Essas canções trazem importantes aspectos históricos relacionados ao povo negro e sua sobrevivência, apontando a necessidade de se reconhecer problemas como o racismo, preconceito e má distribuição de renda como elementos estruturantes da sociedade.

O detrimento de uma raça sobre a outra que hierarquizam as relações sociais são marcadas em versos como "O drama que eu carrego pra não ser mais um preto..." da canção Negro Drama. Em outro trecho, a palavra "bacana" está associada ao homem branco bem sucedido, lembrando que as influências atuais dos seus filhos são de origem de homens negros: "Ei bacana (...) inacreditável, mas seu filho me imita". Na música Fim de Semana no Parque a falta de ambiente de diversão para a população negra mais pobre é marcada nos versos "Olha só aquele clube que da hora / olha o pretinho vendo tudo do lado de fora".

Nesses e em outros versos vemos importantes menções à necessidade de reconhecimento dessas diferenças sociais e a urgência das relações de igualdade, por isso esse discurso se torna tão importante para a construção da identidade negra.

Os problemas relacionados às drogas também são comuns nas letras do estilo rap: "álcool e drogas nos chamam, costumávamos fazer isso quando adolescentes". Life Goes On / Tupac Shakur. Esse é o tema muito usado nas composições de música rap e as formações discursivas nos remetem a um dos problemas que acaba gerando o envolvimento com a vida do crime. "queimávamos a erva no telhado, fumávamos até morrer e ainda doidões gritávamos até morrer" Tupac Shakur.

Os dilemas referentes às drogas na periferia são refletidos também nas letras dos Racionais MC's: "de cocaína e craque, whisky e conhaque os manos morrem rapidinho sem lugar de destaque", uma mera observação do autor da letra.

Seguindo os passos da análise de discurso, não podemos concluir que as citações aqui apresentadas seriam objeto final de explicação, mas de acordo com o texto é que se observa a presença das marcas de enunciação relativas à vida marginalizada na periferia.

Os fatos sociais que influenciam as considerações presentes nas letras acabam gerando também uma mensagem de otimismo e que revela uma preocupação social, característico desse estilo musical.

Entre as letras "Periferia Segue Sangrando" e "Power to the People", o incentivo à mudança é encontrado em vários trechos: "nosso dia a dia pode ser melhorado, há várias formas de ser respeitado, perdão para quem quer ser perdoado, conviver com adversários, conquistar espaços", Gog. O ponto de vista desses compositores se assemelha, pois eles costumam expor os problemas nas músicas e apresentar uma proposta de mudança.

Nas composições norte-americanas essa característica não é diferente: "vamos conseguir juntos fazer uma nação" Public Enemy. Não se percebe inicialmente que numa frase como essa o sujeito é afetado pela ideologia inconscientemente. O que é fazer uma nação? Aparentemente um discurso muito claro, porém quais foram os não ditos para que o compositor dessa música dissesse algo como "vamos fazer uma nação" "[...] não há neutralidade nem mesmo no uso mais aparentemente cotidiano dos signos"

(ORLANDI, 2003, p.9). Qual a rede de sentido possível de observar nesse enunciado? Que instituições as implicaram?

Pela análise do interdiscurso, as prováveis respostas estarão na ideologia em que esse discurso foi inscrito. "O sujeito de linguagem é descentrado, pois é afetado pelo real da língua e também pelo real da história, não tendo o controle sobre o modo como elas o afetam" (ORLANDI, 2005, p. 20). A língua se inscreve na história para significar, assim a fala retorna e não sabemos se há um discurso fundador.

Não confundamos aqui análise textual que é uma mera análise de conexões de frases, com Análise de Discurso, esta analisa a reestruturação das redes de sentido, marcadas pela ideologia, começando no texto e recuperando o discurso. Sobre a AD, Orlandi ressalta:

> ela não trabalha com os textos apenas como ilustração ou como documento de algo que já está sabido em outro lugar e que o texto exemplifica. Ela produz um conhecimento a partir do próprio texto, porque o vê como tendo uma materialidade simbólica própria e significativa, como tendo uma espessura semântica: ela o concebe em sua discursividade (ORLANDI, 2013, p. 17).

Mesmo com a diferença cultural entre Brasil e Estados Unidos os compositores dessas letras se encontram em uma mesma linha de raciocínio. Espelhados em suas realidades, eles costumam revelar tais problemas e apresentar seus pontos de vistas, como podemos observar nessas duas últimas letras analisadas: "irmão matando irmão, favela contra favela não acredita? Confira / rap nacional realidade dura / infelizmente o som das ruas", Gog. Nesse trecho o problema se refere à rotina das favelas e logo em seguida é apresentado um incentivo a essa situação: "vida longa na periferia, responsabilidade minha, sua / pode deixar de ser o som das ruas".

Já para os norte-americanos, o problema não se refere tanto à vida nas favelas, mas ao uso de drogas e armas, mostrando que existe essa diferença não só no próprio ambiente como também na escrita dessas composições: "sinta o grave como um golpe de revólver para os irmãos com um 808", Public Enemy. Da mesma forma que se estruturam as letras de rap brasileiras, as norte-americanas se assemelham. Logo após o trecho citado, encontra-se: "Ei, povo, povo como nós, continuem, vá em frente, cante esta canção".

As quatro letras selecionadas apresentam o relato dos mesmos problemas: drogas, armas, incentivo à mudança e problemas encontrados nas periferias. As letras nacionais também abordam o assunto sobre armas: "já cansei de ver a justiça feita com as próprias mãos no coração da expansão, lesão, arregados com pt e oitão". Gog; "o que tenho pra você, um rap venenoso e uma rajada de pt", Racionais MC's.

Outro fato importante e que merece menção é uma comparação de vozes presentes nessas músicas. A constante presença de modos verbais "indicativo, que exprime atitude de certeza do falante perante o processo que enuncia, [e o] imperativo, que o exprime atitude e ordem ou solicitação" (SAVIOLI, 1984, p. 152) determina uma ênfase nesse discurso característico de denúncias, reclamações e pedidos. "Eu tô em cima, eu tô a fim de um, dois pra atirar (...) (sic), "eu tenho uma missão e não vou parar", Racionais MC's; "ligo o rádio e pronto, tá na hora do encontro,/ as notícias não são nada boas",/ "não acredita? Confira, / rap nacional realidade dura", Gog; "povo como nós, lute, cante esta canção", Public Enemy.

Já nas vozes que estão presentes nas letras, a primeira pessoa é a mais marcada, ora pelo fato de os escritores das letras serem os sujeitos que desempenham os papéis de produtores dos enunciados, ora pelo fato de apresentar melhor conotação, um apelo mais próximo, direto com uma proposta de dar outro rumo à situação.

Em uma tentativa de despertar o ouvinte, os "eus" são adjetivados, como é possível observar na letra "Capítulo 4, Versículo 3", "eu sou bem pior (...)100% veneno (...) sádico, juiz ou o réu, um bandido do céu". Além disso, As narrativas são de eventos comuns a uma região de periferia. O conjunto dessas observações descritas aqui, dão-nos alguns elementos para caracterizarmos essas composições como oratória dos problemas enxergados por esses indivíduos, revelando, assim, uma inquietação por parte dos rappers. Suas identidades são marcadas pelas ideologias que trazem um perfil de revoluções urbanas.

Já com uma característica de mostrar uma veracidade maior dada ao enunciado, a primeira pessoa vem marcada por uma decisão: "eu concluo, mano, periferia segue sangrando", Gog. Por outro lado, isso mostra um posicionamento do enunciador "como responsável pelo ato de fala, garantindo o enunciado como verdadeiro" (MAINGUENEAU, 2001, p. 137). "Ei, povo como nós , lutem, cantem essa canção", Public Enemy. "Os sujeitos agem de acordo com o que, segundo sua experiência, deveria ser o comportamento dos outro numa situação desse tipo" (MAINGUENEAU, 2001, p. 116).

Já na presença de "você" inserida nos discursos das músicas, a colocação nos remete a duas situações de enunciação: a primeira corresponde a uma identificação com as pessoas que se corrompem e/ou levam uma vida marginalizada: "você fuma o que vem, entope o nariz, bebe tudo que vê", Racionais MC's, estabelecendo, assim, uma particularização dos indivíduos; a segunda situação de enunciação corresponde ao "você" de forma mais abrangente, tanto se referindo ao que se corrompe, quanto ao que observa a situação ou escuta o enunciado: "aposente o cano, periferia segue sangrando", Gog; "é assistir à propaganda e vê, não dá pra ter aquilo pra você", Racionais MC's.

Além disso, ainda é possível observar a presença de traços linguísticos que caracterizam o uso de arma: "a primeira faz tum, a segunda faz tá", "click, clack bum", Racionais MC's, isso mostra menções ao convívio com a vida marginalizada como é possível notar nos apelos que estes fazem sobre o assunto. Esses ruídos possuem um significado e acabam sendo parte integrante da composição musical.

Todas essas menções são importantes no discurso para consideramos a constituição dos sentidos. Para a Análise de Discurso o conjunto de saberes que definem o objeto confirma uma ideologia, porém o emissor do discurso cria sentidos que escapam ao seu domínio. Assim, a relação entre língua e história compõe o intradiscurso, este é uma formação discursiva que existem diversos conceitos subentendidos na sua própria estrutura. Segundo Orlandi, o sujeito é social, isso implica dizer que ele é coletivo, marcado pela história, onde a língua é inscrita.

A partir dessas poucas observações, podemos dizer que as composições de rap evoluem em sintonia com os fatos mais comuns da vida suburbana e que são expostos nessas músicas pela posição política que estas assumem a respeito de tais acontecimentos. Vale lembrar que as letras analisadas são de décadas anteriores, pois o perfil americano atualmente pouco trabalha as temáticas sociais como veremos no fim deste capítulo.

O sujeito se identifica com algumas formações discursivas e, dessa forma, significa. Assim, através da língua, o sujeito se inscreve na história relatando problemas sociais. Se observarmos a maioria das músicas desse estilo musical, perceberemos que elas abordam os mesmos temas, como vimos nas quatro letras apresentadas, e com isso fica claro que essa cultura se organiza a fim de incentivar a mudança dessa triste realidade social, fazendo com que essa prática constitua sentidos. Segundo Orlandi (1996, p. 28), "É ação que transforma, que constitui identidades. Ao falar, ao significar, eu me significo".

Outras letras do estilo rap:

GRUPO / ARTISTA	MÚSICA	DISCURSO
MV Bill	Traficando Informação	"Seja bem-vindo ao meu mundo sinistro, saiba como entrar / Droga, polícia, revólver não pode saiba como evitar / Se não acredita no que eu falo / Então vem aqui pra ver a morte de pertinho para conferir / Vai ver que a justiça aqui é feita à bala / A sua vida na favela não vale de nada..."
Emicida	Levanta e Anda	Quem costuma vir de onde eu sou / Às vezes não tem motivos pra seguir / Então levanta e anda, vai, levanta e anda /Vai, levanta e anda / Mas eu sei que vai, que o sonho te traz / Coisas que te faz prosseguir / Vai, levanta e anda, vai, levanta e anda
509-E	Só os Fortes	Mais um dia que se vai / Tranca é cela / Justiça cega saudades da favela / Olho da ventana o sol nascer quadrado / Terrível pesadelo mas to acordado / Desgosto pra minha mãe eu lamento

Como já mencionado anteriormente, é preciso conceber a composição da discursividade para entender cada discurso apresentado nas composições mencionadas. Acredito que, através das análises apresentadas, é possível uma melhor compreensão dos propósitos comunicativos nas composições advindas do hip hop, no intuito de entender os objetivos de suas formulações. Levando em consideração a vivência dos integrantes dos grupos citados, as propostas da música rap e as teorias da Análise de Discurso apresentadas neste livro, relembro o que diz Orlandi (2000): "O sujeito, ao dizer, se significa e significa o próprio mundo" (ORLANDI, 2000, p. 44).

Não só nessa linha de protesto e conscientização vive o hip hop. Nos Estados Unidos essa cultura atualmente apresenta traços transformados pela mídia em produtos de consumo.

Em 2010, o rapper americano Jah Rule, em entrevista ao jornal Extra aqui no Brasil, deu a seguinte declaração: "As pessoas não querem ouvir falar de política, querem músicas que as façam mexer o traseiro, dançar, relaxar. Se eu encontrar um MC brasileiro, vou dizer: aonde você que chegar? Não dá para ficar sentado vendo a vida passar, fazendo protesto. É preciso pagar as contas, dar comida aos filhos".

Transcrevo a seguir uma das perguntas feita pelo jornal Extra ao rapper Americano e sua resposta, no dia 14 de dezembro de 2010:

> **Por que o rap nos EUA deixou de ser contestador para ser algo vazio, que só fala de mulher, carro e dinheiro? Toda mulher é piranha, e o cara tem que ser ricaço. O que houve?**
>
> - Dinheiro. Sabe do que mais? Para que vou ficar lutando contra o governo, contra este ou aquele? Sabe quando eu vou ganhar? Nunca. Em vez de lutar, eu ganho dinheiro deles. Sexo vende. É só assistir à TV no Brasil. O que se vê? Bunda, peito. E o funk do Rio, o que é?

Essa é uma vertente americana muito comum hoje em dia, já o rap nacional manteve-se engajado no movimento original e com um mercado alternativo. Nos Estados Unidos o hip hop nas palavras de Jah Rule "É um negócio de bilhões", muito explorado pela mídia que o torna um produto. Dessa forma, sujeito a deturpação, inserindo produtos de moda e valores que são influenciados pela mídia americana e consumidos pelo senso-comum, sendo criticado por muitos que o definem como alienação.

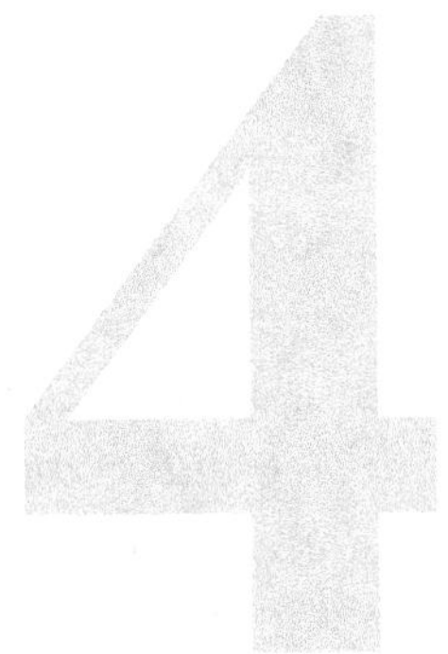# O HIP-HOP EM ALAGOAS

Tendo em vista o foco na simples análise discursiva a respeito da cultura hip hop, apresento neste capítulo apenas um breve resumo e a opinião de algumas pessoas que fizeram parte das atividades relacionadas a esse movimento cultural em Alagoas. Para detalhes sobre a história e as produções desse movimento em Alagoas, recomendo a leitura da dissertação de sociólogo Ibrahim Serra Barroso que faz um estudo sócio-antropológico sobre a ressignificação do hip hop e sobre a atuação dos jovens engajados com esse movimento atualmente nesse Estado; Fernando Rozendo com um trabalho denominado A Pedagogia da Rima; ademais o documentário feito pelo jornalista Marcos Antônio Carlota Júnior, conhecido como DJ Carlota "A Cultura hip hop em Maceió" e o documentário "A Cultura hip hop Vive em Alagoas" produzido por Zazo e Alyne Sakura, ambas produções disponíveis no Youtube.

O início deste capítulo foi construído a partir das narrações de Ari de Oliveira (Ari Consciência), um dos principais responsáveis pela propagação do movimento hip hop em Alagoas. Com sua oratória, participou ativamente de muitos eventos nas décadas de 1980 e 1990 em Alagoas. Começo a partir da percepção dele a história do hip hop alagoano.

Ari de Oliveira nasceu na rua Santa Catarina, bairro da Ponta Grossa na zona sul de Maceió. Filho de militar e mãe integrante da escola de samba Unidos do Poço. Passou parte da infância em Palmeira dos Índios. Retornou para o mesmo bairro da capital alagoana em 1981, estudou em escolas estaduais e começou a participar, na escola estadual Rodriguez de Melo, de uma matinê aos sábados à tarde. Segundo Ari, um professor de nome Ivo autorizou um aluno apelidado de Gato a tocar as músicas norte-americanas para embalar a festa. Em meio a esse clima, Ari também conheceu duas discotecas à época: Hollydance, situada na praça Moleque Namorador, que apresentava uma trilha sonora de rock e músicas românticas; e a Discol, situada na rua Soledade, atual rua Dr. Baltazar de Mendonça no bairro da Ponta Grossa.

Danceteria Discol na década de 1980

Na Discol em 1982, Ari se encantou com a black music, com a predominância do soul e com alguns dançarinos mais ousados como o Samuca, que apresentava disposição para manobras rítmicas que até então ele e seus amigos Dinho e Arcanjo não apresentavam. Ari só passou a ver aquelas acrobacias no clipe do Afrika Bambaataa e percebeu sua relação, a contribuição para entender aquele fenômeno cultural também foi veiculada em reportagens de televisão.

Nesse sentido, a Discol foi muito importante para a construção do movimento hip hop em Alagoas. A partir da dança desenvolvida dentro dessa danceteria, foi possível observar os jovens indo à praia da Avenida em Maceió para ensaiar os primeiros passos e atualizar a trilha sonora do hip hop. Naquele momento, houve a necessidade da saída da dança de salão para as ruas. Alguns jovens do bairro da Ponta Grossa tiveram a iniciativa de, em frente ao cinema São Luiz no Centro de Maceió, formarem as primeiras rodas de break.

Nomes como Afrânio,Valdecir, vulgo Verruga, juntaram-se aos jovens Geraldo, Neno Preto, Edmilson Rufino (Fofy), Carlota, José Carlos da Silva Romão (Nino); Raimundo Nonato (Borracha), Everaldo, Zé, Mi Vassoura e Ricardo Fernandes (Ace Rick) através de Ari que tinha se mudado para o bairro do Santo Eduardo em Maceió. No discurso, Ari falava sobre a necessidade de, como moradores de periferia, participarem da música negra com a agregação dos amigos de classe média como Nilton, Dênis, Muia, Carlinhos e a presença de Beto.

A partir daí, os grupos passaram a se encontrar na Discol e também nas praças. Lugares como Cine São Luiz, Feirinha do Artesanato da Pajuçara, teatros e esquina da sorveteria Lambe-lambe, fizeram parte do movimento, passando a deixá-lo mais intinerante e conhecido. Nessa época, muitos dançarinos de break ficaram conhecidos: Beto, Ferreirinha, Maninho, Esquerdinha e Adeilton.

Ao som de micro-system à pilha, os encontros atraiam mais adeptos, porém desgastantes pela pouca durabilidade da energia. A essa altura já acontecia um programa na rádio 96 FM de Maceió com a presença de DJ Fernando e DJ Carlota, comandados pelo radialista Tony Régis.

Ari então resolveu conversar com os participantes sobre a transição para um evento mais organizado. Nascia assim, a história da praça Jornalista Dênis Agra, situada no Conjunto Sto. Eduardo em

Maceió. O DJ Nell cedeu o som e foi o primeiro a se apresentar. DJ Ricardo Fernandes, atualmente produtor musical, e Helder foram os fundadores do primeiro grupo de rap em Maceió, chamado Powers MC's. Havia também o grupo Rap Boys e Sindicato Público do Rap. DJ Ricardo também tocava rap nacional em suas participações. Muitos DJ's foram convidados por Ari a participar, doando equipamentos de som por acreditar nos ideais do movimento hip hop, entre eles Jorge Pessoa, DJ Peixe, Deja, JF Produções, além de DJ Fernando Bispo. DJ Arthur, DJ Nildo, DJ Valfredo e O DJ Emerson (Coroa) que já participava do movimento nessa época.

Outros grupos de rap nasceram na mesma época e o evento foi acontecendo quinzenalmente. Em uma dessas apresentações o jornalista Miguel Torres (in memoriam) encantou-se e produziu uma reportagem sobre o encontro, dando assim mais visibilidade ao evento cultural.

Nas rádios, o movimento era representado pelo programa Club Mix na 96 FM, rádio Cidade FM Maceió, através de Alexandre Araújo; o programa Galera Daora na Maceió FM, apresentado aos sábados à tarde por Tony Bareta, DJ Betinho e a participação de Ari, que convocava as pessoas para a participação nos movimentos e finalmente o programa Free Dance na rádio Pajuçara FM comandados por Alexandre Araújo, DJ Bolinho e Oscar Neto aos sábados à noite.

A partir do convite de associações, o movimento hip hop migrou para outros bairros como Cruz das Almas, Salvador Lira, Benedito Bentes e Eustáquio Gomes, ganhando nova roupagem, equipamentos e agregando valores com a participação de outros DJ como Valfredo da casa de shows Troop Zoop, DJ Fernando Bispo e Alexandre Araújo de Olinda - PE.

A essa altura, muitos B-Boys e as B-Girls Lena, Denise, Flávia, Luciana entre outras participavam do evento e poucos grupos de rap se apresentavam. Ari entrou no embate com alguns integrantes por fazer críticas em programas de rádio na tentativa de propor um movimento mais politizado e participativo, fundamentados nos propósitos da cultura hip hop. Ari lembrava que o movimento de rua de Maceió foi escolhido pela Rede Cidade como o terceiro melhor do Brasil, além de matérias jornalística maceioenses que enalteciam a cultura. Segundo Ari, faltava aos integrantes do movimento assimilação de identidade, a identificação como pertencentes de classes desfavorecidas e do espaço do homem negro na sociedade, além de inclusão de outros movimentos como o feminista e citações sobre a cultura alagoana.

Segundo Ari, "Os desmontes à cultura negra na história, tem influência diretamente nesse comportamento por não assumir uma identidade negra" portanto o movimento deveria ser político-cultural. A influência com a cultura afro-brasileira veio por parte de sua genitora, revelando, assim, sua identidade negra.

Como essa atividade cultural não é homogênea, abriu-se espaço para aqueles que buscavam na cultura o engajamento político e também para aqueles que procuravam diversão. Destaque para a observância de que os elementos culturais pertencentes à cultura de rua puderam ser protagonizados isoladamente.

Nas palavras de Ari o hip hop não poderia ser somente diversão, ele é um mecanismo para a transformação de vidas. Em meio a essas discussões, alguns participantes, entre eles Carlinhos, Ricardo, Sandrinho, George, Pita, Marcos Leninha, Dayse e Luciana decidiram criar outros eventos paralelos com grupos de rap, participava um dos grupos pioneiros chamado Sindicato Público do Rap, havia também a presença de DJ's e daçarinos de break, porém sem a divulgação em rádios.

A partir desse ponto da história do hip hop alagoano, construo um segundo momento deste capítulo baseado no documentário "A Cultura hip hop Vive em Alagoas" produzido por Zazo e Alyne Sakura.

O DJ Paulo DJP, que já participava do movimento na praça Jornalista Dênis Agra, vindo de São Paulo, em reuniões com os participantes, já propunha a criação de Posses, associações culturais com o intuito de firmar objetivos comuns, realizar eventos, oficinas, reuniões, treinos, debates entre outras ações culturais, sociais e políticas. Com a migração de Ari para o Movimento Negro em meados de 1995, alguns grupos de rap ainda resistiam, e é a partir desse ponto que as apresentações do movimento de rua ganharam ligações com outros movimentos culturais, como apresentações nos palcos do Movimento Negro em Alagoas.

Na parte baixa da cidade existiam os grupos Nocivos, com Sandrinho, e Geração MC's, com Carlos Martins, Tiago Marinho e Sandro Basílio, com material divulgado no programa Yo da emissora de televisão MTV e participação em festivais culturais, porém findaram por volta de 1998.

Anos antes, Paulo DJP já havia criado a Posse Atitude Periférica (PAP) na parte alta da cidade no conjunto Cleto Marques Luz, a primeira Posse do movimento hip hop alagoano que se reunia aos fins de semana já participava de questões ligadas às minorias. Foi a partir desse momento que os encontros ficaram mais frequentes e houve várias ações sociais ligadas ao movimento hip hop alagoano. Juntava nomes como Paulo DJP, Afrânio, Braga, Cristiano Mendonça, MC Réu, Juliano Mendes, Julimen, Cacá, Sulista, Mano Van, Zazo entre outros integrantes do grupo Reflexão Nordeste. Já na zona sul de Maceió, o nome de Paulo Henrique (PH), hoje produtor musical, já era conhecido. Havia também na região da orla uma grande atividade com Jota. Em cidades como União dos Palmares a cena cultural do hip hop também já aparecia com o grupo União DMC com os nomes de Zulu Fernando, Adriano, Bill, Jeferson e Arilson influenciados por DJP. A partir daí foram criados naquele município um movimento cultural com as organizações União Quilombrothers com Kiko e Jessé, além de MH2P com Zulu Fernando, organização que é responsável por inserir o hip hop nas escolas da região.

Com uma filosofia de crítica social, a PAP passou a difundir o hip hop como educativo e construtivo para a periferia. Não era permitido o uso de bebidas alcoólicas e de drogas. O break, o grafite e o rap passaram a ser difundidos com o lema: "Periferia sem vícios, periferia menos violenta". Entre várias matérias apresentadas na televisão, a cena musical do movimento hip hop já era completamente diferente das décadas anteriores. Com vasta produção musical, as produções fonográficas a partir dos anos 2000 foram se tornando conhecidas com o advento da internet.

Em 2005, houve uma fragmentação da PAP, gerando duas posses em sequência: a Posse Guerreiros Quilombolas, com os integrantes Sulista, Cacá e Mano Van e a Posse CIA do Hip Hop com Arnaldo DJ ASB e Tião, participando de eventos fora do Estado e criando o evento Abril pro Hip Hop.

Destaca-se nesse ponto o crescimento e o fortalecimento da cultura hip hop em Alagoas, sua capacidade organizadora e ativista fomentada com a criação das posses, porém com opiniões adversas sobre a fragmentação do conjunto de integrantes dessa cultura. Mesmo diante desse cenário, as apresentações continuaram a acontecer, dessa vez em diversos pontos da cidade de Maceió e em cidades do interior de Alagoas, contando com várias batalhas de rima, eventos que se tornaram populares entre os jovens, apresentações de rodas de break e muitos rappers atuando com uma diversidade de produções musicais. O grafite se tornou também mais visível que em décadas anteriores.

O acesso à internet e a criação dos estúdios de gravações para os grupos de rap deram um solavanco muito grande para as produções sonoras em Alagoas. O que é conhecido à época na internet como Web 2.0, segunda geração de serviços oferecidos pela internet, facilitou a comunicação e a produção de conteúdos.

Vários grupos surgiram e atualmente o hip hop alagoano produz um material vasto e diversificado que é possível encontrar em vários canais no Youtube, performances em lives e páginas nas redes sociais. Destaque para os produtores musicais PH e Ricardo Fernandes (Ace Rick), que fazem as produções musicais na cidade de Maceió. Hoje, o cenário musical alagoano é vasto, possui nomes como NSC, Kdoche, Vitor Pirralho, Geysson Santos, MC Tribo, Jarry Loko, Davi 2p, Mago Aplique, Diego Verdino, Lady Rap, Gueto em Fúria, Reles No Rules, Mano Tito, MC Gigante, Fúria Jovem, Legião da Sul, Mago Jow, Família Zona Norte, Arielly Oliveira, Filhos da Cidade, Mundo Insano Crew, Jhony Brown, Gigante a.ka Rupestre, MZS Crew, Sujeito Mente Ativa, Bob CH, Open Mind Crew, CBL Crew, Consciência Marginal, Estilo Feminino Crew, KNA, Hip Hop Miguelense, Ladoeste, Jany Lee, Jukebox Dub, Covil, Mordaz & Lzu, Favela Soul, Du Reino, Abramente, JP, Biografia Rap, Família 33, Fellipe Boka, Negra Pyll, Os Comparsas e outros grupos. Além disso, o trabalho da CIA do Hip Hop, do Coletivos Nóis Q Faiz e também do Coletivo Nova Tropa de Zumbi que ainda atuam em Alagoas.

Vale ressaltar a importância dessas Posses no cenário atual da cultura hip hop alagoana, pois apresentam um contexto bem diferente dos anos iniciais da cultura em tela. Cada fase dessa manifestação cultural em Alagoas teve sua importância e sua contribuição para influenciar pessoas e transformá-las: o surgimento no início dos anos de 1980, o crescimento na década de 1990 e o cenário atual que defino aqui como a partir dos anos 2000.

Hoje, além de vários festivais como a Mostra Alagoana de Hip Hop, o evento Abril Pró Hip Hop é o grande trunfo desses grupos, pois conta com apresentações de grupos locais e de outros Estados.

Os vários projetos sociais organizados pela CIA Hip Hop contou com várias intervenções em periferias, palestras que trazem a importância do debate racial com a juventude dos bairros pobres e promovendo eventos como o Cine Perifa, Hip Hop Vai à Praça, Festa Black, além de vários debates sobre a importância da cultura hip hop, abrindo espaços para outras discussões de temas relevantes como o empoderamento feminino. Há também a produção de podcasts com a Quarentena Cultural que está disponível nas redes sociais com o intuito de apresentar discussões políticas a partir de uma perspectiva marginal. Nos interiores de Alagoas o cenário também é ativo como, por exemplo, em Arapiraca que acontece a Batalha no Bosque, reunindo vários duelos de MC's.

Depois de narrado um breve contexto histórico em terras alagoanas, mostraremos a seguir, entre as diversas pessoas que abrilhantaram essa cultura, uma pequena biografia de alguns integrantes e suas influências que ajudaram a propagar os ideais desse movimento de rua nesses 40 anos.

Ari de Oliveira
(Ari Consciência)

Nascido em Maceió, Ari de Oliveira foi um dos principais incentivadores do movimento hip hop em Alagoas nas décadas de 1980 e 1990. Com influências da Black music e com perfil de liderança, Ari conseguiu organizar os amigos para os primeiros encontros entre jovens de outros bairros. Com sua oratória, foi o porta-voz que conduziu a cultura de rua para as rádios, foi responsável também por organizar as apresentações na praça Jornalista Dênis Agra, ajudando essa manifestação cultural a atingir o seu auge naquela década na capital alagoana, convidando vários DJ's para ingressarem na cultura hip hop. Educador social e produtor cultural, Ari participa de vários projetos, já foi convidado para participar de diversos documentários, foi coordenador artístico-cultural do grupo Afro Mandela, além de participar das atividades ligadas ao Movimento Negro em Alagoas.

Marcos Antônio Carlota da Silva (DJ Carlota)

Carlota viveu sua infância no Rio de Janeiro e aos 13 anos, mesmo sem saber do que se tratava na época, ficou encantado com a cultura hip hop. Começou a dançar e desde então não parou mais, ao longo do tempo foi entendendo os propósitos da cultura e se envolvendo cada vez mais com questões ligadas ao movimento cultural de rua. Com a sua vinda para Maceió na década de 1980, conheceu várias pessoas que também estavam sendo influenciadas por aquele fenômeno cultural.

Nas palavras de Carlota, "a cultura foi muito importante para minha vida, pois me trouxe grandes amizades, saúde e conhecimento. Foi através dessa cultura que me tornei um dos maiores dançarinos de Maceió no início da década de 1990". Carlota também se tornou DJ, com grande influência do hip hop, tornando-se referência e ficando muito conhecido, ao tocar em várias rádios e participar do programa Club Mix, pioneiro na divulgação sonora desse estilo e tocou também em diversas danceterias na capital de Alagoas.

Hoje com 50 anos, formado em Jornalismo, ainda atua como DJ em eventos. "A dança me trouxe saúde e conhecimento, ainda hoje colho esses frutos".

Ricardo Fernandes (DJ e produtor musical Ace Rick)

Ricardo nasceu em Maceió e quando criança já dançava o "break de parede" sob influência da black music e de Michael Jackson no início da década de 1980. Ao saber que os amigos também tinham o mesmo gosto musical, ganhou motivação passando a aprofundar seus conhecimentos sobre o hip hop.

Através das amizades com Ari, Geraldo e Carlota, passou a se motivar pela riqueza da cultura de rua. "A dança é linda, os movimentos, a postura, a moda dos anos 1980, os elementos culturais, mas o que me chamou mais a atenção foram os elementos rítmicos da música". O ensinamento da cultura fez com que Ricardo ganhasse um grande conhecimento musical, tornando DJ e fundando o que é conhecido como o primeiro grupo de rap de Maceió.

Hoje produtor musical, ganhou vários ensinamentos técnicos sobre música e herdou muitas amizades. "Graças à música sou a pessoa que sou hoje, ela é uma peça muito importante na minha vida, ganhei também outros ensinamentos como o respeito".

Emerson Porangaba de Almeida (DJ Coroa)

Emerson Porangaba de Almeida nasceu em Arapiraca, município de Alagoas, em 18 de outubro de 1974. Foi morar em Maceió e começou a se interessar pelo hip hop no início da década de 1980, influenciado por Michael Jackson, filmes como Beat Street e Flash Dance. Aos 8 anos, inspirou-se pela dança e assistia programas como o Pell Marques na tentativa de encontrar quem também dançasse. Começou a ensaiar seus primeiros passos no antigo Balaio no Eustáquio Gomes, participou dos eventos em frente ao Cinema São Luiz no Centro da cidade; ouvia falar na Discol, porém começou a frequentar os treinos na praia da Avenida em Maceió na segunda metade da década de 1980.

Aprendeu muitas técnicas de dança e conheceu vários amigos, Começou a se interessar pelos passa-discos comprando seu primeiro Gemini, participando ativamente de toda manifestação cultural até o ano de 1996. A partir daí Emerson procurou saber onde aconteciam mais encontros culturais, tendo em vista que aquele ano foi um período de pouca produção do hip hop em Alagoas e participou de alguns grupos que ainda resistiam. Ao conhecer a primeira Posse, percebeu que o movimento continuava e reingressou na cultura. Ensinou em várias oficinas de break e projetos do Governo Federal e ainda participa de vários eventos de Freestyle e break. Fez uma grande contribuição ao longo de várias décadas no cenário do hip hop alagoano e hoje é conhecido carinhosamente como DJ Coroa. "Muitas coisas mudaram com o passar do tempo, mas percebi que essa cultura está nas minhas veias".

Alexandre Araújo da Silva (DJ Dilan)

Alexandre Araújo da Silva nasceu no bairro de Casa Amarela em Recife no ano de 1971. Quando criança foi morar em Olinda aos cuidados de sua vó Joana. Filho de Marilana Araújo da Silva e Manoel João da Silva, Alexandre tem um casal de filhos e um neto. Passou a ser DJ influenciado por ouvir Kraftwerk e Afrika Bambataa, fundando com seus amigos a equipe Terremoto em Rio Doce, cidade pernambucana e tocou no programa Hot Dance na Manchete FM.

Chegou a Maceió no ano de 1993, trabalhou como vendedor de CD's na loja Hi-Quality e fez parte da equipe Boyzz de DJ's participando de vários programas nas emissoras da capital alagoana: Yo-ho Dance na Maceió FM, CD Mix na Gazeta FM, Over Dance na rádio Cidade FM e Free Dance na Pajuçara FM. Recebeu o convite de Ari de Oliveira para participar do movimento hip hop em Maceió na praça Jornalista Dênis Agra. Tocou no Clube da Portuguesa no Centro de Maceió, organizado pelo comunicador e radialista Hélio Careca Lessa em meados de 1994. Foi colaborador nas boates Darkus, Middó, Aff The Dark. Nessa época Alexandre era muito conhecido como DJ Dilan e como pernambucano, fortaleceu a cultura urbana em Maceió.

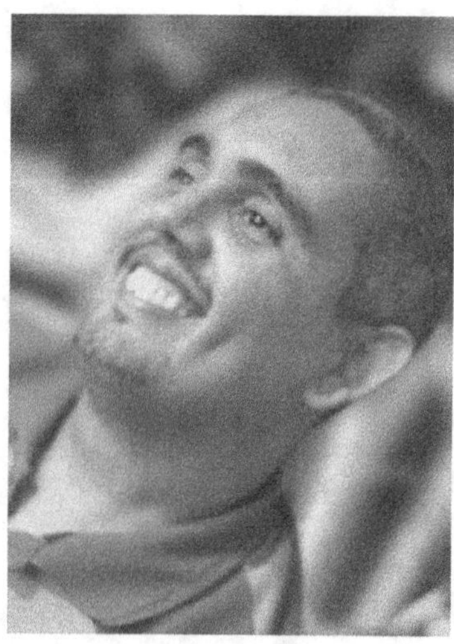

PH (rapper, DJ e produtor musical)

Paulo Henrique nasceu em Maceió e conheceu o rap através do canal de televisão MTV na década de 1990. PH já conhecia alguns grupos do mesmo estilo, porém não tinha acesso aos discos. A partir de um clipe dos Racionais MC's se interessou pela cultura, "Comecei a me entusiasmar a partir dos clipes dos Racionais, tive acesso a outros CD's e fiquei impressionado com a cultura, fui entendendo seus propósitos e aquilo me marcou".

A partir de ouvir o apresentador e DJ KLJay do programa YO, escreveu sua primeira letra de rap. Conheceu alguns amigos que gostavam do estilo musical como o DJ Waliston, e juntos frequentaram eventos de hip hop. Aos domingos, participavam de encontros e, a partir daí, conheceu o DJ Afrânio, com quem aprendeu a usar os passa-discos. Com várias músicas gravadas, PH decidiu também torna-se DJ e foi daí que se tornou produtor musical. Suas influências são Racionais MC's, MV Bill, Ndee Naldinho, Consciência Humana, Câmbio Negro, Tupac Shakur, Notorious BIG entre outros.

"Cada um define o hip hop a sua maneira: uma religião, uma cultura, um estilo de vida, uma militância. Para mim, é um pouco de cada uma dessas definições porque essa cultura me ensinou a respeitar e ser respeitado". Nas palavras de PH, o hip hop o ensinou a não ser alienado, fez com que ele tivesse uma atitude libertadora, um olhar diferente para as questões sociais. A partir do ingresso nessa cultura de rua, tornou-se um cidadão politizado.

PH é produtor musical e recomenda o hip hop para todos, principalmente para a juventude das periferias para que entendam sua verdadeira identidade.

Geysson Santos
(rapper e produtor cultural)

Geysson Santos, 26 anos, começou seu interesse pelo hip hop através do rap. Foi se identificando e criando uma identidade com influências dos sons de MV Bill, Ndee Naldinho, Facção Central e Racionais. A partir de 2007 conheceu o hip hop alagoano, entendeu as propostas das Posses e ingressou na CIA Hip Hop em 2010. Estudante de Ciências Sociais na Universidade Federal de Alagoas, Geysson atua como produtor cultural, destacando a importância da formação de sua consciência política, advinda das discussões propostas pelas Posses, como também uma visão sobre o território, seus aspectos culturais e suas vivências cotidianas. Participando de vários projetos sociais, palestras e com produção sonora independente, o rapper enfatiza o caráter político dentro dessa cultura de rua, inclusive com a necessidade do fortalecimento dessas discussões, politizando as vivências, construindo narrativas, debatendo sobre demandas populares e mudando a concepção dos indivíduos através da militância dentro do movimento cultural.

Vitor Lucas Dias Barbosa
(Vitor Pirralho)

Nascido em Maceió, o músico Vitor Lucas Dias Barbosa teve influência da black music e da música brasileira de Chico Buarque, Secos & Molhados e Chico Science. Muito eclético fez a música fazer parte da sua vida muito cedo, utiliza nas letras noções de símbolos imateriais como a cultura afro-indígena e elementos da arte literária nacional, deixando suas composições com originalidade através dessas referências estéticas. Através de muito estudo tornou-se professor de literatura brasileira e língua portuguesa, em sua atividade diária entrou em contato com a Antropofagia oswaldiana e encontrou no discurso do Manifesto a inspiração para suas músicas. A partir daí entra em cena o Vitor Pirralho, rapper que assume o princípio da devoração crítica da cultura inimiga, para assim aprimorar a sua própria cultura. Interessou-se por vários estilos musicais e gosta de ser reconhecido como poeta, "sou um antropófago", utiliza o engajamento em suas canções através do ativismo poético. Já fez parceria com vários artistas de renome da música brasileira em suas diversas produções.

DJ Fernando Bispo (à esquerda), Ari Consciência e DJ Jorge Pessoa na praça Jornalista Dênis Agra em Maceió durante uma das edições do movimento hip hop no início da década de 1990.

Batizado como Fernandes Bispo da Silva Sobrinho, porém chamado pela família de Fernando e conhecido por todos como DJ Fernando. Nasceu em 18 de outubro de 1968. Filho da doméstica Dalva Martins Costa e do mecânico Antônio Bispo da Silva. O DJ nasceu no bairro da Ponta Grossa na zona sul, porém viveu toda a infância na rua Almirante Mascarenhas no bairro da Pajuçara em Maceió, com os dois irmãos e três irmãs. Quando criança, Fernando gostava de mexer em eletrodomésticos, até aprender a consertar pequenos radinhos de pilha e alguns televisores. Iniciou seu trabalho como disk jockey na Sedinha, um clube com um pequeno salão situado à rua Domingos Lordsleen na comunidade da Ponta da Terra, próximo a Paróquia Santuário de Fátima na capital alagoana.

Tocou muitos anos na famosa boate Middó, fez parte da equipe do programa Club Mix, antes rádio JH, atualmente 96 FM Maceió. Ganhou bastante popularidade na boate Fly By Night em meados dos anos 1990, onde foi convidado a tocar no movimento hip hop sendo muito solicitado pelo público na praça Jornalista Dênis Agra. Ficou conhecido por fazer um ótimo trabalho de remix, o que o levou a ganhar um concurso de DJ's no programa de rádio Galera Daora em Maceió no início da década de 1990. Fez várias produções musicais, entre elas a do grupo Geração MC's. Trabalhou na casa de shows Darcos no bairro Stella Maris e depois passou a ser proprietário de seu próprio negócio, alugando som para festas e eventos. Um homem dedicado, que amava o que fazia e chegou a ser colaborador fazendo manutenções nos Equipamentos Peixe Produções.

Em 2007 começou a sentir fortes dores esporadicamente, chegando a scr submetido à cirurgia; teve uma melhora e voltou a trabalhar. Em 2009, as coisas vieram a se agravar e o DJ foi submetido a duas cirurgias, Fernando recebeu o diagnóstico de câncer no cérebro e depois de muita luta, veio a falecer no dia 3 de dezembro de 2010.

Fernando foi casado por duas vezes, deixou duas filhas e um filho, além de uma história de saudades. Nossa pequena homenagem a DJ Fernando Bispo, um dos muitos integrantes que fortaleceram o movimento hip hop em Alagoas.

Convidei outros integrantes para fazerem parte dessas ilustrações, porém não obtive respostas. Destaco nessas descrições dos integrantes alagoanos, o papel importante do hip hop na construção de identidade, no processo de identificação étnica, como também na visão otimista e de autoafirmação. Os elementos dessa cultura ressignificam os valores sociais, seus posicionamentos políticos e suas visões culturais. Inserem os indivíduos em questões socioculturais através da assimilação de suas raízes, ligadas à cultura afro e às minorias.

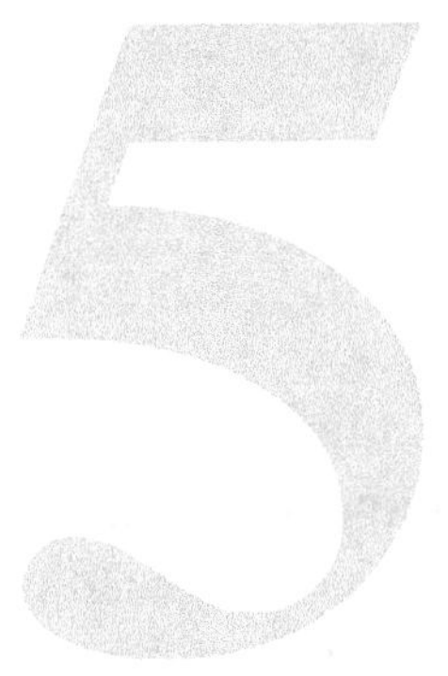

IDENTIDADE DE GRUPO

As características de um grupo social são marcadas a partir da cultura na qual o indivíduo está inserido. Entende-se como cultura, o conjunto de padrões de comportamento, crenças, conhecimentos, costumes etc. que distinguem um grupo social. Esses elementos são capazes de revelar a identidade cultural do sujeito.

Muitos sociólogos definem a identidade como constituída, resultante de um processo de construção. Nesse sentido, é importante observar que esses estudiosos definem a identidade como individual e também como coletiva.

Muitas instituições dominantes cumprem o papel de formar o que se conhece como identidade legitimadora; há também a identidade de resistência, onde os atores são os desvalorizados e a identidade de projeto se redefinindo nas vivências sociais.

A construção de identidades vale-se da matéria-prima fornecida pela história, geografia, biologia, instituições produtivas e reprodutivas, pela memória coletiva e por fantasias pessoais, pelos aparatos de poder e revelações de cunho religioso. Porém, todos esses materiais são processados pelos indivíduos, grupos sociais e sociedades, que organizam seu significado em função de tendências sociais e projetos culturais

> enraizados em sua estrutura social, bem como em sua visão tempo/espaço (CASTELLS, 2002, p. 23).

Os estudos da Sociologia mostram que a cultura organizacional, analisada a respeito do comportamento do grupo sobre o indivíduo, pode ser considerada a base para a construção da identidade do sujeito, tendo em vista que ele sofre várias influências de grupos ao longo da vida.

> não há sentido em falar-se em uma única identidade dos indivíduos, mas sim em múltiplas identidades que constroem-se dinamicamente, ao longo do tempo e nos diferentes contextos ou espaços situacionais dos quais esses indivíduos participam (SILVA e VERGARA, 2000, p. 5).

Berger e Luckmann (2004) afirmam que a formação e manutenção das identidades são orientadas por processos sociais direcionados pelas estruturas sociais, assim os indivíduos apresentam identidade em consonância com sua definição social.

As relações estabelecidas entre os membros de uma cultura facilitam a identificação da identidade social dos indivíduos, pois os mesmos estabelecem interações que em determinados contextos se assimilam. É o caso dos membros das manifestações do hip hop, quando entendem que o movimento cultural analisado neste livro tem um propósito definido agregado às características da música, dança e do grafite. Essa é uma estratégia para a construção da identidade.

A cultura hip hop se manifestou pelo mundo com as mesmas características em diferentes territórios. A observação que se faz é uma postura crítica frente aos problemas sociais, descrição do cotidiano das periferias, narrações de histórias de vidas e reivindicações por uma sociedade mais justa. Sendo assim, é possível entender a participação no mesmo grupo ideológico sem que os membros estejam perto um do outro, isso se deve ao comportamento e as similaridades de posturas e fundamentos. Assim, a cultura em tela se enraizou em diferentes sociedades com o mesmo propósito: a mudança social.

Dessa forma, resumiremos identidade nesse capítulo conforme o reconhecimento do indivíduo frente a sua interação com os grupos :

> características distintivas do carácter de uma pessoa ou o carácter de um grupo que se relaciona com o que eles são e com o que tem sentido para eles. Algumas das principais fontes de identidade são o gênero, a orientação sexual, a nacionalidade ou a etnicidade, e a classe social. O nome é um marcador importante da identidade individual, e dar um nome é também importante do ponto de vista da identidade do grupo (GIDDENS, 2008, p. 694).

É bem verdade que esse estudo sobre identidade se prolonga. É importante lembrar que o homem é um ser social e que esses conceitos talvez não sejam homogêneos, podendo obter reações distintas em cada indivíduo em particular. Portanto recomendo um estudo aprofundado sobre questões de identidade no campo da Sociologia e de outras áreas como a Antropologia, Filosofia e Psicologia. Não obstante, o intuito deste capítulo é fornecer ao leitor elementos de entendimento sobre as manifestações da cultura de rua tanto pela questão discursiva, analisada nos capítulos anteriores que lembram a construção dos discursos, quanto pelas questões de identidade. Ambas estabelecidas pela ideia de coletividade.

Diante dos conceitos apresentados, é possível observar que os integrantes da cultura hip hop, desde sua criação, até os dias atuais, possuem características e desejos semelhantes aos dos outros indivíduos agregados a essa cultura de rua, numa tentativa de enquadrar-se e pertencer às diretrizes dessa manifestação cultural. Essa atividade urbana também se apresenta de maneira multicultural, revelando, em seus sujeitos, identidades não homogêneas.

Mesmo sob a influência de agentes externos, as reivindicações propostas pelos indivíduos envolvidos nesse movimento artístico apresentam suas raízes nas situações sociais apresentadas como formadoras desse movimento de protesto: a violência, o racismo, a luta pelos direitos civis, a luta pela sobrevivência nas periferias etc. Assim, entendemos que a construção desses valores, apresentados como propulsores desse movimento cultural, é responsável pelo pensamento coletivo favorável a mudanças sociais.

> Compreender o que constitui uma identidade social é buscar interpretar como essas múltiplas identidades se relacionam em cada indivíduo, como essas identidades se relacionam com o comportamento, pensamentos e emoções e como essas identidades se relacionam com o todo, com a sociedade (BURKE, 2009, p. 3).

Considerar o homem enquanto sujeito social, inseridos em contextos históricos, é de suma importância para começarmos a pensar em identidade; o homem atual é multifacetado, repleto de ressignificações que vão organizando sua vida cotidiana, associadas, portanto, às suas relações sociais.

> Assim o homem se constitui, a partir de um suporte biológico que lhe dá condições gerais de possibilidades (próprias da espécie Homo Sapiens Sapiens) e condições particulares de realidade (próprias de sua carga genética). No entanto, as características humanas historicamente desenvolvidas se encontram objetivadas na forma de relações sociais que cada indivíduo encontra como dado existente, como formas históricas de individualidade, e que são apropriadas no desenrolar de sua existência através da mediação do outro (SÈVE, *apud* JACQUES, 1998, p. 162).

Os processos culturais influenciaram a organização social. Novas formas de pensar levaram a sociedade a uma construção social mutável que foi sentida e influenciada até mesmo pela tecnologia, mudando assim nossa forma de viver. A cultura, então, também forma a nossa identidade.

> (...) o que denominamos 'nossas identidades' poderia ser melhor conceituado como as sedimentações através do tempo daquelas diferentes identificações ou posições que adotamos e procuramos 'viver', como se viessem de dentro, mas que, sem dúvida, são ocasionadas por um conjunto especial de circunstâncias, sentimentos, histórias e experiências única e peculiarmente nossas, como sujeitos individuais. Nossas identidades são, em resumo, formadas culturalmente (HALL, 2000).

Sendo assim, a cultura e a coletividade oferecem elementos que justificam formação ou a autodeclarada identidade do indivíduo, fazendo com que o mesmo se justifique e aja conforme justificativas de pertencimento. Na cultura hip hop muitos membros se dizem estar inseridos em um estilo de vida e justificam suas atitudes baseadas nos fundamentos da cultura de rua, uma identidade potencializada pela construção de um ideal coletivo, servindo para otimizar a expressão de uma juventude marginalizada.

Vale salientar que, em diferentes épocas, a cultura hip hop em Alagoas apresentou um misto de revelações de identidades individuais e coletivas, o engajamento em questões étnicas, culturais e políticas, por vezes estava presente nas letras, no entanto nem todos os indivíduos demonstravam as mesmas aspirações. Para alguns a cultura de rua servia apenas como entretenimento. Atualmente, ainda há uma tentativa de referências de identidade coletiva no hip hop, principalmente relativas ao contato com outros grupos sociais, isso feito por exemplo com a CIA Hip Hop, Nóis Q Faiz entre outros.

Destaca-se na discussão exposta, a busca pela identidade dentro da manifestação artística, motivada pelas questões sociais, os jovens vão se identificando e se indignando com os vários fatores que contribuem para as mazelas sociais.

> O jovem objetivando reafirmar a sua identidade (étnica e geracional) ao mesmo tempo em que reconhece a possibilidade de participar das relações sociais, exibindo suas opiniões na música ou simplesmente no estilo do grupo, consegue investir em seu autoconhecimento [...] instrui-se e deixa de ser um mero rapaz sem grandes perspectivas de futuro (ANDRADE, 1997 *apud* MAGRO, 2002, p. 06).

Na busca por uma identidade coletiva, podemos dizer que há um conflito político dentro dessa cultura, incentivando a coletividade no processo capitalista, cujos princípios são de mérito individual. Assim, observa-se que o hip hop talvez tenha mudado o seu percurso político dentro dessa lógica sistemática, abandonando questões por interferências ligadas também à juventude mais despreocupada, revelando sujeitos pós-modernos moldados pelas relações efêmeras de experiências. Suas discussões se voltam para outros aspectos da vida cotidiana. Por outro lado, esse conflito é potencializado em um movimento de resistência, sob uma luta para ter voz e sobrevivência dentro das estruturas sociais.

Não podemos deixar de mencionar neste estudo algumas questões relacionadas a gênero. As significativas participações dos jovens de periferia dentro da cultura de rua nascida em Nova Iorque, mantêm uma característica predominantemente masculina. Embora a participação feminina seja percebida, ainda é possível discutir dentro desse propósito cultural as relações de poder que levam às discussões sobre desigualdades de gênero. Ainda que essa cultura seja uma das manifestações apropriadas para a fomentação do debate sobre esses problemas, esse espaço que revela a hegemonia masculina no hip hop merece destaque para estudos posteriores.

O hip hop durante anos manteve também um tabu em relação ao homossexualismo, muitos rappers escreveram letras proferindo piadas e insultos. Alguns nomes famosos como os americanos 50 Cents e Snoop Dogg acreditam que a homossexualidade nunca será aceita nesse tipo de cultura com predominância masculina.

No entanto, com a presença do discurso antipreconceito advindo das minorias, o rap passou a também defender o orgulho LGBTQI+. Atualmente, vários integrantes assumidos, inclusive famosos, cantam e participam do movimento de rua, mesmo diante de um público que os olham com estranheza. Alguns nomes são Soffio, Lis Nas X, Azealia Banks, Kevin Abstract, Bixarte, Deadlee, Frank Ocean, Catástrofe, Zebra Katz, Big Momma, Mykki Blanco, Syd e

Young Ma. A comunidade do hip hop se originou com as minorias negras e latinas que sofriam preconceitos, dessa forma, seria uma incoerência manter uma cultura de preconceitos e LGBTfobia.

Para finalizar este capítulo e corroborar com os estudos deste livro, é preciso citar que o Exame Nacional do Ensino Médio (ENEM) já utilizou em seu banco de questões, abordagens sobre a temática do hip hop. Acredito que com o intuito de corroborar com essa identidade de grupo advinda de seus participantes. Apresento algumas questões a seguir:

ENEM 2017

Fim de semana no parque
Olha o meu povo nas favelas e vai perceber
Daqui eu vejo uma caranga do ano
Toda equipada e o tiozinho guiando
Com seus filhos ao lado estão indo ao parque
Eufóricos brinquedos eletrônicos
Automaticamente eu imagino
A molecada lá da área como é que tá
Provavelmente correndo pra lá e pra cá
Jogando bola descalços nas ruas de terra
É, brincam do jeito que dá […]
Olha só aquele clube, que da hora
Olha aquela quadra, olha aquele campo, olha
Olha quanta gente
Tem sorveteria, cinema, piscina quente […]
Aqui não vejo nenhum clube poliesportivo
Pra molecada frequentar nenhum incentivo
O investimento no lazer é muito escasso
O Centro comunitário é um fracasso
RACIONAIS MCs Racionais MCs. São Paulo Zimbabwue, 1994 (fragmento).

A letra da canção apresenta uma realidade social quanto à distribuição distinta dos espaços de lazer que

A) retrata a ausência de opções de lazer para a população de baixa renda, por falta de espaço adequado.

B) ressalta a irrelevância das opções de lazer para diferentes classes sociais, que o acessam à sua maneira.

C) expressa o desinteresse das classes sociais menos favorecidas economicamente pelas atividades de lazer.

D) implica condições desiguais de acesso ao lazer, pela falta de infraestrutura e investimentos em equipamentos.

E) aponta para o predomínio do lazer contemplativo, nas classes favorecidas economicamente, e do prático,nas menos favorecidas.

Resposta: D

Comentário da questão

A letra da canção retrata a forte desigualdade social presente no país, contrastando o espaço da periferia (espaço da escassez) e áreas de prestígio social (espaço marcado por ofertas).

ENEM 2015

O rap, palavra formada pelas iniciais de rhythm and poetry (ritmo e poesia), junto com as linguagens da dança (o break dancing) e das artes plásticas (o grafite), seria difundido, para além dos guetos, com o nome de cultura hip hop.

O break dancing surge como uma dança de rua. O grafite nasce de assinaturas inscritas pelos jovens com sprays nos muros, trens e estações de metrô de Nova York. As linguagens do rap, do break dancing e do grafite se tornaram os pilares da cultura hip hop.

DAYRELL, J. A música entra em cena: o rap e o funk na socialização da juventude. Belo Horizonte: UFMG, 2005 (adaptado).

Entre as manifestações da cultura hip hop apontadas no texto, o break se caracteriza como um tipo de dança que representa aspectos contemporâneos por meio de movimentos

A) retilíneos, como crítica aos indivíduos alienados.

B) improvisados, como expressão da dinâmica da vida urbana.

C) suaves, como sinônimo da rotina dos espaços públicos.

D) ritmados pela sola dos sapatos, como símbolo de protesto.

E) cadenciados, como contestação às rápidas mudanças culturais.

Resposta: B

Comentário: O break é uma dança de improviso que trabalha com movimentos aleatórios e dinâmicos.

Assunto: Dança; cultura popular

ENEM 2014

No Brasil, a origem do funk e do hip-hop remonta aos anos 1970, quando da proliferação dos chamados "bailes black" nas periferias dos grandes centros urbanos. Embalados pela black music americana, milhares de jovens encontravam nos bailes de final de semana uma alternativa de lazer antes inexistente. Em cidades como o Rio de Janeiro ou São Paulo, formavam-se equipes de som que promoviam bailes onde foi se disseminando um estilo que buscava a valorização da cultura negra, tanto na música como nas roupas e nos penteados. No Rio de Janeiro ficou conhecido como "Black Rio". A indústria fonográfica descobriu o filão e, lançando discos de "equipe" com as músicas de sucesso nos bailes, difundia a moda pelo restante do país.

DAYRELL, J. A música entra em cena: o rap e o funk **na socialização da juventude.** Belo Horizonte: UFMG, 2005.

A presença da cultura hip-hop no Brasil caracteriza-se como uma forma de

a) lazer gerada pela diversidade de práticas artísticas nas periferias urbanas.

b) entretenimento inventada pela indústria fonográfica nacional.

c) subversão de sua proposta original já nos primeiros bailes.

d) afirmação de identidade dos jovens que a praticam.

e) reprodução da cultura musical norte-americana.

Resposta D

Como visto nessas questões, as competências exigidas nos itens abordam assuntos como distribuição desigual de espaços de lazer, dança como manifestação cultural contemporânea e forma de afirmação de identidade juvenil. A abordagem dessas temáticas são muito comuns nesse estilo musical, característico pelas reivindicações sociais, trazendo para a sua análise essas percepções da sociedade. Acredito que a construção e as escolhas das questões se devem ao fato de além de tratarem temas cotidianos, também trazem à tona um estilo musical que é bem visto pela juventude.

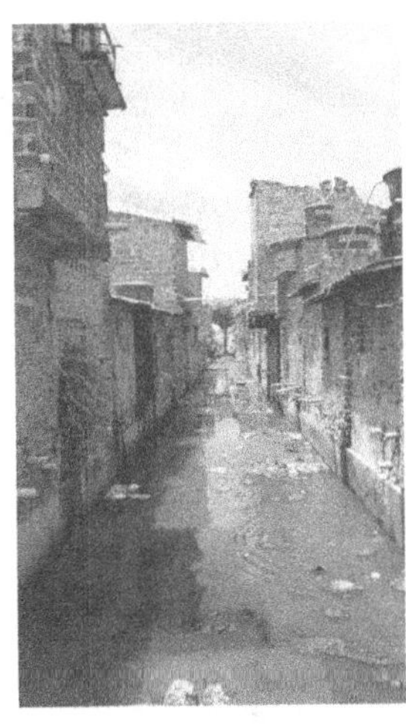

CONCLUSÃO

Através dos estudos feitos sobre o hip hop e das análises das músicas realizadas neste livro, pudemos observar que a música rap tem o objetivo de alertar as pessoas para problemas como desigualdade social, violência e muitos outros que são rotineiros e atingem as camadas mais pobres da sociedade. É possível detectar também uma maior aceitação a esse estilo musical por parte das pessoas e instituições que abordam a necessidade de mudança nas condições de vida das populações de baixa renda. A relação música e periferia está marcada pelos costumes e traços comportamentais que caracterizam esse povo. Os cidadãos costumam apelar para a participação da música rap nos protestos escolares, campanhas políticas, eventos de protestos entre outros.

Foi possível observar também que essa manifestação cultural em Alagoas permanece ativa e tem suas raízes com o mesmo perfil apresentado em outras regiões do país, fazendo com que a identidade de grupo seja semelhante para os adeptos dessa cultura de rua, pois o fenômeno social de identidade é marcado pela influência de grupos, desse modo foi importante perceber a construção dos discursos e da identidade dos sujeitos frente aos problemas sociais. Na atualidade, com uma produção musical forte, o rap alagoano apresenta uma roupagem independente, característico das propostas dessa manifestação cultural, levando informação sobre a necessidade de discussões a respeito das questões raciais dos povos de periferia. As opiniões de membros da cultura apresentam elementos discursivos semelhantes e mostram que a história do movimento de rua em Alagoas tem a presença de pessoas e fatos que até hoje são lembrados.

Atentamos para o fato de que Ari de Oliveira remetia a questões sobre reconhecimento de identidade, ligada a princípios étnico-raciais e sobre a inclusão de elementos regionais, contudo pouco valorizadas pelos membros da cultura no início da manifestação cultural em Alagoas. Fato que foi primordial para a migração do mesmo para um movimento cultural também ligado a cultura negra, mas que garantisse a sua identificação através da coletividade. A partir de uma nova postura frente ao movimento hip hop em Alagoas, no fim da década de 1990, houve o chamamento advindo dos praticantes dessa cultura para o fortalecimento relativo a questões ligadas à sociedade. Com isso, ficou constatado através de alguns membros, que o pertencimento surge com práticas sociais, porém há a possibilidade de o indivíduo não se identificar com certos padrões culturais e não assumir essa questão de identidade baseada na cultura, como também falta aos membros envolvidos apropriação desse tipo de postura e entendimento da vida pública. Talvez, os fatores que contribuam para esse tipo de postura estejam pautados no complexo negativo de pertencimento dos adolescentes de periferia, na falta de instrução para lidar com as questões e na dificuldade de relações com outros setores da sociedade.

Percebe-se também que a discussão sobre o engajamento dos rappers em questões sociais ainda continua, cobra-se o que muitos críticos afirmam que alguns integrantes não têm a oferecer: participação ativa com consciência política. Outros fatores são a representação social dos gangsters, sem o seu entendimento, é possível tachá-lo como contradição, contudo os grupos étnicos inferiorizados começaram a interagir com a sociedade através do surgimento da cultura exposta neste livro; e a hegemonia masculina observada com os participantes da culta em foco.

No entanto, a presença marcante do discurso crítico nesse estilo musical contribuiu muito para que a participação em eventos de protestos fosse comum, afinal, outros estilos musicais também tiveram origem com a cultura afro-americana e usam temáticas sociais em suas letras. É aqui que se observa a importância de se analisar esse discurso advindo das ramificações dos protestos relativos à comunidade negra dos países da América do Norte e América Central, portanto uma discursividade marcada ideologicamente.

Esta pesquisa constou de um estudo feito junto aos membros da cultura em tela no estado de Alagoas, levantamento bibliográfico sobre a origem e desenvolvimento do hip hop, recorte de alguns discursos materializados em letras de rap americano e brasileiro, mostrando as condições de produção dos discursos, além das opiniões de pessoas que praticam a cultura hip hop, hoje manifestação cultural presente em todos os países, travando uma batalha de resistência contra a comercialização dos seus princípios.

Focalizou como os fatos políticos influenciaram a formação dessa cultura de rua e como suas manifestações vêm se desenvolvendo e crescendo nos grandes centros urbanos. Também foi estabelecida uma pequena comparação das vozes presentes nas letras, mostrando os apelos constantes em primeira pessoa. Outrossim, os discursos aparentam estar sincronizados a respeito das temáticas e inquietações. Vimos também a similaridade com os ideais de partidos de esquerda, a emergente ligação com os discursos de direita, além de outros setores que utilizam a proposta desse movimento como as questões utilizadas em provas do ENEM.

O instrumento teórico-metodológico veio da área da Análise de Discurso, em função da escolha de um tratamento mais amplo e, que articulasse linguagem e ideologia, para tratar com mais propriedade do movimento cultural em foco. Ainda neste livro, abordei brevemente o campo da identidade de grupo, vindo dos estudos da Sociologia, para poder entender como os praticantes desse estilo musical apresentam seus comportamentos.

A presente pesquisa exploratória centrou-se exclusivamente nesse tema por se tratar de um fato cultural que tem ganhado muita visibilidade no meio acadêmico. Esperamos, no entanto, que outros estudos minuciosos, como alguns citados nesse livro, sejam feitos sobre essa e outras manifestações culturais advindas das periferias principalmente no Brasil, para podermos melhor compreender os fenômenos urbanos da atualidade oriundos das camadas populares, notadamente os que estão assentados no interior da linguagem e dos discursos. Destaque para as imagens apresentadas nas composições, remetendo à memória discursiva.

Este livro apontou para o fato de que, na compreensão das propostas do movimento analisado e materializada nas letras das músicas, foi necessário entender como os seus praticantes acreditam que suas reivindicações, referentes à organização da sociedade, propiciam condições melhores para a vivência social. Pois, as questões abordadas por eles, referem-se ao melhor desenvolvimento da sociedade em todos os seus setores em sem discriminações de classes sociais, combatendo a exclusão social e retratando a marginalização no espaço urbano.

Finalmente, acreditamos que este escrito pode ajudar na formação de cidadãos críticos, na mudança de concepções ideológicas discriminatórias a respeito da música rap, na pesquisa sobre discurso e identidade, na história do movimento de rua em Alagoas e que todos possam entender que, além de valorizar uma cultura, os praticantes do movimento hip hop lutam por transformação, contra as desigualdades, crimes e os problemas de uma forma geral, geralmente tão reivindicados pelos oprimidos ou excluídos da sociedade, promovendo inclusão, participação social e noções de resiliência principalmente aos adolescentes, em forma de ritmo e muita poesia.

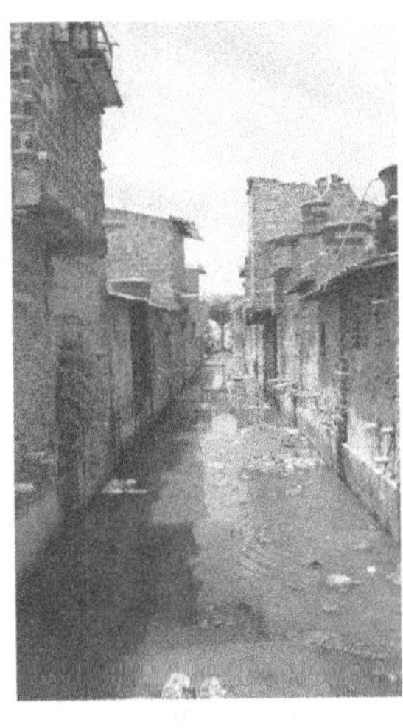

REFERÊNCIAS

ALLEN, H. C. História dos Estados Unidos da América. São Paulo : Forense, 1994.

BARROSO, Ibrahim Serra. Entre as ruas e as mídias: das redes de hip hop aos circuitos de batalhas de rimas alagoanos / Ibrahim Serra Barroso. – 2019. 293f. : Il. Color.

BERGER, Peter L; LUCKMANN. A Construção Social da Realidade. Lisboa: Dinalivro, 2004.

BRANDÃO, Helena H. Nagamine. Introdução à análise do discurso. Campinas : Unicamp, 1998.

BURKE, P. J.; STETS, J. E. Identity theory. Oxford University Press, New York, 2009.

CASTELLS, Manuel. O poder da identidade. Tradução: Kaluss Brandini Gerhardt. v. II. 3 ed. Rio de Janeiro: Paz e Terra, 2002.

COMISSÂO EXECUTIVA DO PT. Manifesto. IN: documentos básicos do Partido do Trabalhadores. São Paulo , 1987.

COMISSÂO EXECUTIVA NACIONAL DO PSB. Manifesto, programa, estatuto, regimento interno e código de ética. Brasília, 1997.

DIÓGENES, Glória. Cartografias da cultura e da violência: gangues, galeras e o movimento hip hop. São Paulo: Annablume, 1998.

ESTADO DE MINAS. Direita e esquerda: entenda o que significa. em.com.br, 2020. Disponível em: https://www.em.com.br/app/noticia/ especiais/educacao/enem/2019/03/15/noticia-especial-enem,1037686/ direita-e-esquerda-entenda-seu-significado.shtm > Acesso em 20, fevereiro de 2020.

Exame Nacional do Ensino Médio. INEP - Instituto Nacional de Estudos e Pesquisas Educacionais Anísio Teixeira. Ministério da Educação. Disponível em: <http://www.enem.inep.gov.br> Acesso em março de 2020.

FIORIN, José Luiz. Linguagem e ideologia. São Paulo : Ática, 1990.

FORBES. Como Donald Trump se tornou um ícone do hip hop. Disponível em: https://forbes.com.br/colunas/2018/05/como-donald-trump-se-tornou-um-icone-do-hip-hop/. Acesso em: 20 de setembro de 2018.

GABRIEL O PENSADOR. EMI, 1993.

GAZETA MERCANTIL. 13 de outubro. Recife, 2000.

GIDDENS, Anthony. Sociologia. Lisboa: Fundação Calouste Gulbenkian, 6ªedição, 2008

GOHN, Maria da Glória M. A força da periferia. Petrópolis, RJ : Vozes, 1985.

HALL, Stuart. Quem precisa de identidade? In: SILVA, Tomaz Tadeu da (org.). Identidade e diferença: a perspectiva dos estudos culturais. Petrópolis, RJ : Vozes, 2000.

JACQUES, M. G. C. (1998). Identidade. In: M. N. Strey et al. Psicologia social contemporânea (pp. 159-167), Petrópolis: Vozes.

MAGRO, Viviane Melo de Mendonça. Adolescentes como autores de si próprios: cotidiano, educação e o hip hop. Caderno CEDES, v.22, n. 57, p. 63, ago. 2002.

MAINGUENEAU, Dominique. Pragmática para o discurso literário. São Paulo : Martins Fontes, 1986.

__________________. Elementos de linguística para o texto literário. São Paulo : Martins Fontes, 1986.

MOTA, C. G. LOPES, A. História & civilização. O mundo moderno e contemporâneo. São Paulo : Ática, 1994.

ORLANDI, Eni Pulcinelli. Análise de discurso. Princípios e procedimentos. Campinas : Pontes, 2000.

____________. Análise de Discurso: princípios e procedimentos. 11 ed. Campinas: Pontes Editores, 2013.

____________. Cidade dos Sentidos. Campinas: Pontes, 2004.

____________. Interpretação; autoria, leitura e efeitos do trabalho simbólico. Petrópolis, RJ: Vozes, 1996.

____________. O que é lingüística. São Paulo : Brasiliense, 1987.

Obtida via internet: http//www.cade/musicas/hip-hop.com.br, 2000.

Obtida via internet: http//www.cade/musicas/hip-hop/blackpage.com.br, 2000.

Obtida via internet: https://epoca.globo.com/quem-sao-como-atuam-os-representantes-do-rap-de-direita-emergente-no-brasil-23620407

Obtida via internet: http//www.publicenemy.com, 2000.

Obtida via internet: https://www.youtube.com/watch?v=doZNZMbWYNY

Obtida via internet: https://extra.globo.com/tv-e-lazer/rapper-ja-rule-diz-que-hip-hop-brasileiro-tem-que-aprender-com-americano-539041.html

PÊCHEUX, Michel. Semântica e discurso: uma crítica à afirmação do óbvio. Tradução Eni Orlandi. Campinas: UNICAMP, 1988.

POSSENTI, Sírio. Discurso, estilo e subjetividade. São Paulo : Martins fontes, 1988.

RAÇA BRASIL. Ed. 04. São Paulo : Símbolo, 1996.

RAP BRASIL. Ed. 01. São Paulo : Escala, 2000.

______________. Ed. 01. São Paulo : Escala, 2000.

ROCHA, Janaina; DOMENICH, Mirella; CASSEANO, Patrícia. Hip Hop: A periferia grita. 1ª ed. São Paulo: Fundação Perseu Abramo, 2001.

SAVIOLI, Francisco Platão. Gramática em 44 liçoes: com mais de 1700 exercícios. São Paulo : Ática, 1984.

SHOWBIZZ, Ed. 171. São Paulo : Abril, 1999.

SILVA, J. R. G., & Vergara, S. C. (2000). O significado da mudança: as percepções dos funcionários de uma empresa brasileira diante da expectativa de privatização. Revista de Administração Pública, 34(1), 79-99.

VEJA, Ed 1648. São Paulo : Abril, 2000.

VIANA, Hermano. O mundo funk carioca. Rio de Janeiro : Jorge Zahar Editor, 1997.

Formato: 155mm x 215mm
Tipologia: Texto Times New Roman, títulos Humnst777 BT
Papel miolo: Off-set 75g/m²
Papel capa: Cartão Supremo 250g/m²
Impresso em 2020.

www.ingramcontent.com/pod-product-compliance
Lightning Source LLC
Chambersburg PA
CBHW070544160726
48003CB00005B/1871